子どもの貧困の解決へ

浅井春夫
中西新太郎
田村智子
山添 拓 ほか

新日本出版社

子どもの貧困の解決へ――目次

［第一章］ 解決への道筋はどこにあるか

［第二章］　各地・各分野から

［第三章］国会論戦から

［第一章］解決への道筋はどこにあるか

深刻な実態と解決への処方箋、地域でできること

立教大学教授　浅井　春夫
（聞き手：『議会と自治体』編集部）

二〇一五年に政府が発表した最新数値（二〇一二年）では、子どもの貧困率は一六・三％、約六人に一人となっており、年々増加しています。実態はどうなっているのか、解決の方策は――。浅井春夫さんに聞きました。

子どもの貧困率

貧困率とは、等価可処分所得（世帯の可処分所得を世帯人員の平方根＝四人家族であれば二＝で割って調整した所得）の真ん中に位置する中央値の、半分（五〇％）に満たない人の割合。子どもの貧困率は、十七歳以下の子ども全体に占める、中央値の半分（貧困線）に満たない子どもの割合。二〇一二年では百二十二万円未満。

ちなみに、ＥＵ（欧州連合）では中央値の六〇％を基準にして貧困率を算出していますので、

数値は高く出ることになりますが、それだけ貧困問題を政策的に拡げて捉えているということです。

増える子どもの貧困

浅井　厚生労働省の調査によれば、一九八五年に一〇・九％だった子どもの貧困率は年々増え、二〇一二年には一六・三％にまで増加しました（表1-1）。さらに、一人当たりの可処分所得の中央値（データを小さい順（または大きい順）から並べたときに、ちょうど真ん中に位置するものの値）自体も一九九七年の二百九十七万円をピークに徐々に下がり、二〇一二年には二百四十四万円になりました。それにともなって貧困線は一九九七年には百四十九万円だったのが、二〇一二年には百二十二万円に低下しています。貧困線が低下すると一般的には貧困率が低下する可能性が大きいのですが、反対に貧困率が増加しているのですから、収入の少ない家族のもとで暮らす子どもの数がとても増えており、貧困の度合いが深刻化しているのです。

二〇一六年四月にユニセフ（国連児童基金）が、最貧困層の子どもが標準的な子どもと比べてどれくらい厳しい状況にあるかの報告書をまとめたと報道がありました（四月十四日付「朝日」）。下から一〇％目の最貧困層の子どもと、中央値の子どもとの所得格差の比較で、格差が大きいほど貧

2006	2009	2012
15.7	16.0	16.1
14.2	15.7	16.3
12.2	14.6	15.1
54.3	50.8	54.6
10.2	12.7	12.4
254	250	244
127	125	122

れを昭和60（1985）年を基準とした

困の深刻度が高いということですが、日本は先進四十一カ国中三十四位です。貧困の格差が少ない北欧諸国では、最貧困層の子どもに配分される所得は標準的な子どもの六割ほどですが、日本は四割に満たない状況です。

また山形大学の戸室健作准教授が独自に都道府県別の子どもの貧困率を算出されていますが（表1-2）、全国平均で、一九九二年には五・四％だったのが、二〇一二年には一三・八％に拡大しています。大阪（八・〇％→二一・八％）や沖縄（二八・七％→三七・五％）のように貧困率が高いところでさらに増加しているという特徴とともに、栃木（二・九％→一〇・四％）など貧困率が平均以下のところでも急増しています。

また、生活意識を聞いた調査では、全世帯では大変苦しい二七・四％、やや苦しい三二・九％（合計六〇・三％）、また児童のいる世帯では大変苦しい三〇・〇％、やや苦しい三三・六％（合計六三・五％）となっています（厚生労働省「平成27年国民生活基礎調査の概況」）。

こうしたもとで、子どもたちが厳しい生活を強いられている事例が各地で続出しています。夏休みで十キロやせた中学生、虫歯二十本で治療がされていない子ども、修学旅行の積立金を取り崩して生活費に充てる親子……。こうした現実を放置しておいていいのか――。いま私たちは厳しく問われていると思います。

表1−1　相対的貧困率・子どもの貧困率の年次推移

調査実施年	1985	1988	1991	1994	1997	2000	2003
相対的貧困率(%)	12.0	13.2	13.5	13.7	14.6	15.3	14.9
子どもの貧困率(%)	10.9	12.9	12.8	12.1	13.4	14.5	13.7
子どものいる現役世帯(%)	10.3	11.9	11.7	11.2	12.2	13.1	12.5
大人が一人	54.5	51.4	50.1	53.2	63.1	58.2	58.7
二人以上	9.6	11.1	10.8	10.2	10.8	11.5	10.5
名目値(万円)							
中央値(a)	216	227	270	289	297	274	260
貧困線(a/2)	108	114	135	144	149	137	130

※貧困率はOECDの作成基準にもとづいて算出。名目値とはその年の等価可処分所得をいう。実質値とはそ
消費者物価指数(持家の帰属家賃をのぞく総合指数)で調整したのもの
出所)厚生労働省「平成26年国民生活基礎調査の概況」から作成

非正規の増大と、低い賃金のもとで

編集部　なぜ子どもの貧困が増えているのでしょうか。

浅井　厚労省調査の中央値と貧困線が下がり始める一九九八年の前後を見てみますと、一九九六年には労働者派遣法の改悪によって派遣労働の対象業務を十六種から二十六種に拡大し、九九年には原則自由化し、非正規労働者が急増していきます。九五年には、正規労働者が約三千八百万人、非正規労働者が約一千万人でしたが、二〇一五年には正規は約三千三百万人、非正規は約二千万人となっています。

厚労省の「平成二十七年賃金構造基本統計調査」によれば、男女合計の平均賃金は正規で三百二十一万円、非正規で二百五万円ですから、非正規の増加が貧困の増大をまねいていることは明ら

表1—2　県別の子どもの貧困率、雇用実態

(%)

都道府県名	子どもの貧困率				ワーキングプア率2012年	非正規労働者率2012年
	順位	2012年	1992年	20年間での上昇値		
北海道	5	19.7	8.0	11.7	11.7	42.8
青森県	8	17.6	8.9	8.7	12.3	37.9
岩手県	19	13.9	5.8	8.1	9.2	37.6
宮城県	16	15.3	4.7	10.7	10.9	39.3
秋田県	40	9.9	4.3	5.6	8.4	35.3
山形県	24	12.0	2.0	10.1	7.8	35.8
福島県	28	11.6	4.8	6.8	8.3	34.7
茨城県	44	8.6	4.1	4.5	6.2	38.6
栃木県	35	10.4	2.9	7.5	7.4	36.7
群馬県	37	10.3	3.8	6.5	7.4	38.3
埼玉県	23	12.2	3.3	8.9	9.1	39.6
千葉県	35	10.4	3.1	7.2	7.8	39.4
東京都	37	10.3	4.4	5.9	8.3	35.7
神奈川県	31	11.2	3.4	7.8	8.9	38.2
新潟県	24	12.0	2.2	9.8	8.2	34.1
富山県	46	6.0	0.5	5.5	4.5	32.9
石川県	39	10.0	1.6	8.4	7.2	35.6
福井県	47	5.5	2.7	2.8	4.9	32.7
山梨県	26	11.7	4.8	6.9	8.2	39.5
長野県	32	11.1	3.0	8.1	7.9	38.8
岐阜県	42	9.4	2.5	6.9	6.6	37.7
静岡県	34	10.8	3.5	7.4	7.8	37.6

（次ページに続く）

愛知県	33	10.9	3.6	7.4	7.6	37.3
三重県	41	9.5	4.0	5.5	6.6	38.6
滋賀県	44	8.6	2.1	6.6	6.9	38.4
京都府	10	17.2	7.8	9.4	13.9	41.8
大阪府	2	21.8	8.0	13.8	14.2	41.3
兵庫県	15	15.4	5.8	9.6	11.1	39.0
奈良県	26	11.7	3.6	8.1	10.6	39.7
和歌山県	9	17.5	6.1	11.3	12.1	38.5
鳥取県	18	14.5	4.4	10.1	10.1	36.1
島根県	43	9.2	4.3	4.9	6.3	35.1
岡山県	14	15.7	3.5	12.3	10.5	36.7
広島県	17	14.9	4.3	10.6	9.8	36.8
山口県	21	13.5	6.0	7.5	8.3	36.1
徳島県	22	12.4	8.8	3.6	9.3	33.7
香川県	28	11.6	2.9	8.6	8.2	35.3
愛媛県	12	16.9	9.7	7.2	11.1	36.7
高知県	7	18.8	9.2	9.7	13.0	36.8
福岡県	4	19.9	7.9	12.0	12.3	40.0
佐賀県	30	11.3	8.5	2.8	7.8	35.0
長崎県	13	16.5	10.5	6.0	11.2	35.7
熊本県	10	17.2	7.9	9.3	10.8	36.8
大分県	20	13.8	9.7	4.1	10.3	35.6
宮崎県	6	19.5	11.9	7.6	11.9	39.0
鹿児島県	3	20.6	14.5	6.1	12.9	40.0
沖縄県	1	37.5	28.7	8.8	25.9	44.5
全国平均		13.8	5.4	8.4	9.7	38.2

※「順位」は、「子どもの貧困率」が高い順

出所)「子どもの貧困率」「ワーキングプア率」は山形大学・戸室健作准教授調べ(算出方法については、70ページの文中で紹介)。非正規労働者率は「就業構造基本調査」(総務省統計局)

表1−3　所得の種類別にみた1世帯当たり平均所得金額および構成割合（2015年）

	総所得	稼働所得	公的年金・恩給	財産所得	年金以外の社会保障給付金	仕送り・企業年金・個人年金・その他の所得
	1世帯当たり平均所得金額（単位：万円）					
全世帯	541.9	403.8	106.1	12.9	6.9	12.1
児童のいる世帯	712.9	656.5	25.5	10.0	16.2	4.7
母子世帯	243.4	179.0	7.6	1.7	49.3	5.8
	1世帯当たり平均所得金額の構成割合（単位：％）					
全世帯	100.0	74.5	19.6	2.4	1.3	2.2
児童のいる世帯	100.0	92.1	3.6	1.4	2.3	0.7
母子世帯	100.0	73.5	3.1	0.7	20.2	2.4

出所）厚生労働省「平成27年国民生活基礎調査の概況」から。母子世帯は「平成25年国民生活基礎調査の概況」

かです。女性だけをみれば、正規で二百五十九万円、非正規で百八十一万円と、とても自立して生活できる賃金ではありません。ここにはひとり親家庭の親も入っているわけです。日本のひとり親家庭の貧困率は五四・六％と、経済協力開発機構（ＯＥＣＤ）加盟三十四カ国で最悪です。母子世帯の親たちの就業率は八〇・六％ですが、そのうち正規の職員・従業員は三九・四％、パート・アルバイト等は四七・四％、自営業二・六％という現状にあります（厚生労働省、「平成23年度全国母子世帯等調査」）。

このように、賃金（稼働所得）という、生活収入の「土台」のところが深刻になっているのです。

高い賃金依存率

そもそも日本は、一世帯あたりの所得構成の稼働所得の割合（賃金依存率）がとても大きい。児童のいる世帯では二〇一五年で九二・一％（表1−3）、母子世帯では七三・五％です（二〇一三年）。つまり、親たちは自分で働いて得るお金で生活し、子どもを育てている、ということです。これは当たり前のように思われるかもしれませんが、フランスでは子育てや失業、病気などの際に行政からさまざまな手当が支給されており、約三十の子育て・家族手当が整備されています。したがって賃金依存率は日本よりはるかに低い状況で、子育ての経済的負担が少ないのです。研究者たちがフランスの社会保障制度を調べにフランス大使館に行き、「子育てにいくらお金がかかるか」という質問をしたら、何度も聞き返されるというのです。「子育てにお金がかかるとはどういう意味ですか」と。フランスでは医療も教育もほとんど無料ですし、給付制奨学金も充実していますから、子育てにお金がほとんどかからないのです。学費だけではなく、北欧では学校で使用する教材は鉛筆に至るまで学校で支給するので、ほんとうにお金がかかりません。日本では、自分で使うものは自分で買って用意するのが当然であり、高い学費も保護者の自己負担ということが当たり前なので、ほんとうに子育てにお金がかかります。

二〇一五年十一月に発表された経済協力開発機構（ＯＥＣＤ）の調査結果では、国内総生産（ＧＤＰ）にたいして国や地方自治体による教育機関への公的支出の占める割合が日本は三・五％にとどまり、三十四カ国中、六年連続で最下位でした。ＯＥＣＤ加盟国平均の四・七％より一・二ポイントも少なくなっています。最も高かったのはノルウェーの六・五％で、次いでアイスランドとベルギーの五・九％です。そのため、ＯＥＣＤ加盟国では半数の国で大学の学費が無償で、ほとんどの国が返済しなくてよい給付制の奨学金制度を設けています。高い学費でありながら給付制奨学金がないのは、日本だけなのです。

ある自治体で講演したときに行政の方と懇談したのですが、「払っている税金が返ってくる実感がないですね」と言ったら、「住民が亡くなったときの火葬場の経費は市で負担し無料です」と言うので、「死んだとき、ですか！」と失笑してしまいました。それくらい社会保障がない、税金の見返りに実感がない国なのです。皆保険制度などは大きな到達点なのですが、社会保障は後退の道をたどっています。

社会保障制度として現金給付が少ないため、非正規雇用の増大と低賃金がストレートに貧困につながっていきます。少子化が進み、子どもの貧困率が拡大しているにもかかわらず、政府は相変わらず子どもや教育、子どもの貧困対策に適切に予算を使おうとしていません。その一方で、オスプレイを一機二百十二億円で十七機も購入し配備しようとしているのですから、あきれた話です。

社会的背景と構造

子どもの貧困が発生する社会的背景と構造を説明したものが図1‐1です。

土台に「①生活の不安定化と生活不安の増加」があります。非正規雇用の増大、社会保障の連続改悪などです。そして「②所得格差・貧困拡大」が現代社会においては必然的に生じることになります。子どもの学習権に関わる就学援助制度の受給者が増えていることに如実にあらわれています。

①②のような社会では、③に見るように、ひとり親世帯や疾病入院患者を抱える世帯を生活苦が直撃します。さらに「④家族の養育機能障害」が子ども虐待などの現実としてあらわれてきます。

図1−1　子どもの貧困としての児童養護問題の構造

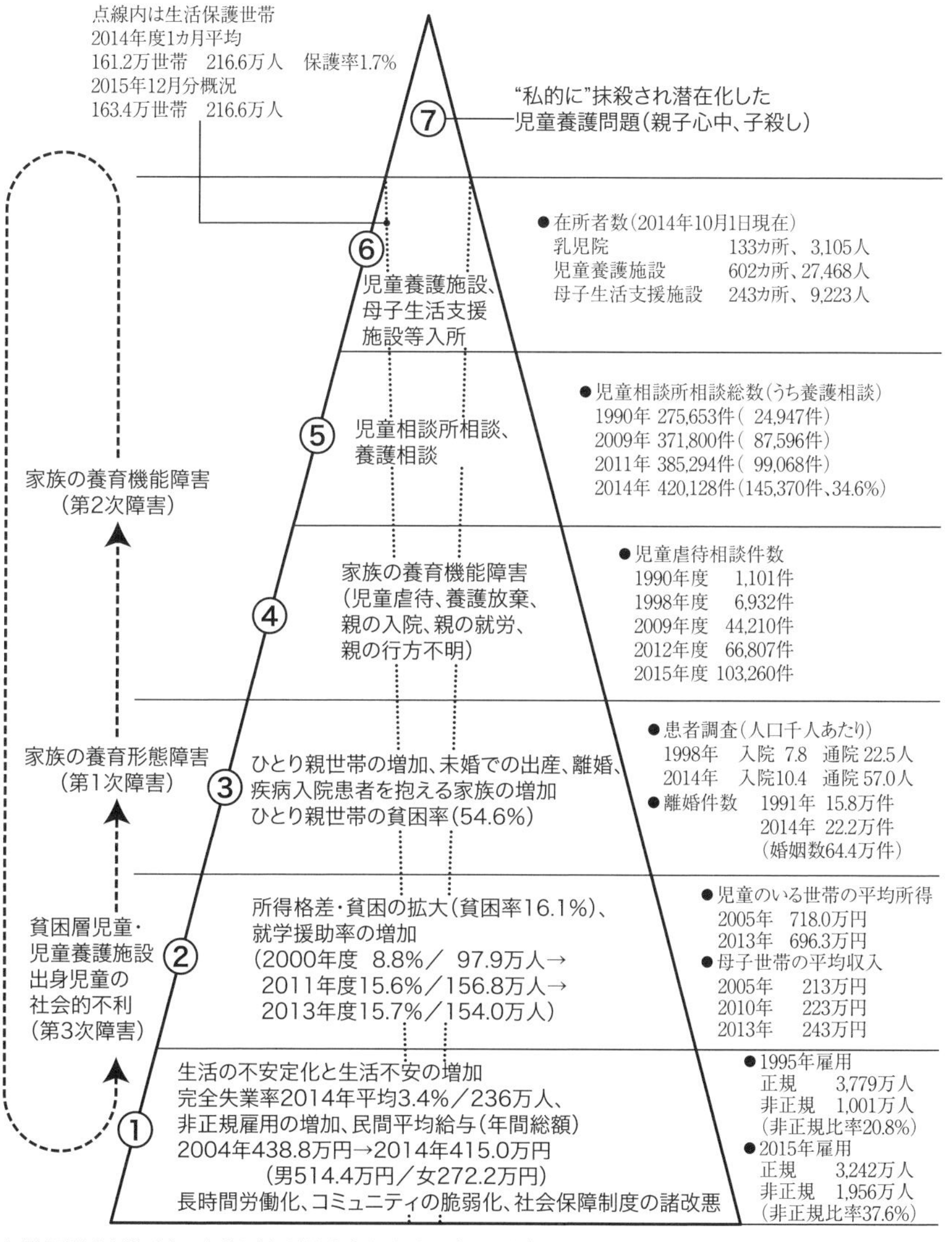

出所)厚労省編『平成27年版厚生労働白書』日経印刷〈2015年〉、厚労省「国民生活基礎調査」「労働調査」ほか、
内閣府編『少子化社会対策白書〈平成27年版〉』日経印刷〈2015年〉から筆者作成

そうしたなかから「⑤児童相談所への相談」がおこなわれますが、近年児童相談所への養護相談は増加の一途です。二〇一五年度には、全国二〇八カ所の児童相談所で児童虐待相談として対応した件数は一〇万三二六〇件と、大台にのってしまいました。そして、もっとも困難を抱え最優先にケアしなければいけない子どもたちが、児童養護施設や乳児院などへ入所します（「⑥施設への入所措置」）。こうした社会背景をみれば、児童養護施設・乳児院は貧困問題が集約された場であるといえます。

さらに、施設入所などの権利が保障されないまま、子どもの貧困と家族の養育機能障害が放置されると、最悪の結果として「⑦〝私的に抹殺され潜在化した〟児童養護問題（親子心中、子殺し）」となって、社会問題化します。子どもの貧困は究極的にはいのちの剥奪と不平等というかたちであらわれるのです。日本小児科学会は二〇一六年、虐待で死亡した可能性のある十五歳未満の子どもが全国で年間約三百五十人に上るとの推計を発表しましたが、大変深刻な問題です。

アベノミクスで加速する子どもの貧困

編集部　浅井さんは、いわゆる「アベノミクス」、安倍内閣による経済政策によって子どもの貧困は加速した、とおっしゃっていますね。

浅井　アベノミクスとその考えの根底にある新自由主義は、国内市場の縮小、非正規雇用の増大、賃金の低下、国内消費支出の抑制を招き、貧困の拡大・深化は避けられません。それへの批判をかわすために安倍政権は、経済再生と社会保障の充実をめざすとした「新アベノミクス」を打ち出していますが、今年度、社会保障費をさらに削減し、軍事費を初めて五兆円を突破させました。こうした方向では、残念ながら子どもの貧困はさらに深刻化するといわざるを得ないでしょう。

「平成28年度における内閣府の取組」（二〇一六年七月一四日）に示されているように、「子供の未来応援国民運動」の柱のひとつに「民間資金による基金の創設」が掲げられていますが、政府が本気で財政投入をすることが第一義的に求められているのです。

政府が真剣に子どもの貧困問題にとりくまないのは、「経済的徴兵制」――強制的な徴兵制ではないが、貧困のため志願せざるをえない状況――をつくりたいからだ、という指摘もあるほどです。自衛隊の人材確保は、少子化もあり、困難になっています。〝自衛隊に入れば奨学金を返さなくていい、資格が取れる〟などを謳《うた》えば、貧困層の若者にとって魅力的な職業にみえるかもしれません。実際に、アメリカでは公的医療制度がないため、〝兵士になれば医療保険に入れる、学校に通える〟などの理由で、貧困層の若者たちが志願兵になっています。

二〇一六年三月に施行された安保法制によって海外で自衛隊員の戦闘行為がおこなわれれば、真っ先にこうした貧困層の若者が犠牲になるかもしれない、そんなことを許してはならないと思います。

「子供の貧困対策大綱」とは

編集部　二〇一三年に子どもの貧困対策法（子どもの貧困対策の推進に関する法律）が制定されました。それにもとづいて二〇一四年八月二十九日に「子供の貧困対策に関する大綱について」（以下、「大綱」と略）が閣議決定されました。これをどう見ますか。

浅井　子どもの貧困が大きな社会問題になり、その改善と根絶を求める関係者の運動や国民の世論によって対策法ができたことは、大変重要なことです。しかし、課題は山積しています。「子どもの貧困対策法」も「大綱」についても、改善点が少なくありません。

まず私が違和感をもつのは、「大綱」が「子供」という用語で統一されていることです。子どもの貧困対策法では「子ども」が使用されているし、国際条約である「子どもの権利条約」も「子ども」と訳しています。「ｃｈｉｌｄ」を「児童」と訳した時代もありますが、「児童」「子供」という表現・表記は、子どもは保護の対象、権利の享受者という観点が強く、われわれが「子ども」を使ってきたのは、子ども自身が権利行使の主体だという子どもの権利条約に立脚した子ども観が反映されているのです。

目標数値がない

「大綱」の一番の問題点は、「子供の貧困対策に関する基本的な方針」として「子供の貧困に関する指標を設定し、その改善に向けて取り組む」などを掲げてはいるのですが、改善の目標数値を明示していないことです。現状の指標（生活保護世帯の子どもの高校進学率など）と、さまざまな課題を列挙して終わっています。「大綱」のもとになる「子どもの貧困対策法」も改善のための目標数値が明示されていない根本的な欠陥があります。

子どもの貧困をなくそうと運動をしてきた団体などは、いま一六％を超える貧困率を、いつまでに、どれくらいまでに、どのように減らすのか、これを明記するようにつよく要望してきました。それを避けているようでは、政府の姿勢の本気度を疑わざるを得ません。

「大綱」には最後に「おおむね五年ごとを目途に見直しを検討する」と書かれていますが、「見直しする」と明記していない。期間も五年では長すぎます。毎年でもいいと思っていますが、二年くらいで見直して具体策を進めていくことが必要です。

イギリスの子どもの貧困根絶法（二〇一〇年）では、相対的貧困世帯（等価純世帯所得が中央値の六〇％未満）のもとで暮らす子どもを一〇％未満にしていくという数値目標を設定し、具体策にとりくんでいます。結果、九七年に三百四十万人だった貧困な子どもが、二〇〇七年には二百九十万人に減少するなど、成果をあげています。

イギリスの子どもの貧困根絶法

編集部　イギリスの子どもの貧困根絶法についてもう少し詳しく教えてください。

表1―4　子どもの貧困法――日英の比較

比較項目	イギリス 子どもの貧困根絶法	日本 子どもの貧困対策法
成立年月日	2010年3月25日	2013年6月26日
国の責務	子どもの貧困根絶戦略の策定	子どもの貧困対策を総合的に策定し、及び実施する責務を有する
達成目標	相対的低所得(等価純世帯所得が中央値の60%未満)のもとで暮らす子どもを10%未満に ※数値目標の設定	「子どもの貧困率、生活保護世帯に属する子どもの高等学校等進学率等子どもの貧困に関する指標及び当該指標の改善に向けた施策」
担当委員会の設置	国務大臣のもとに「子どもの貧困委員会」の設置	内閣府に「子どもの貧困対策会議」
基本的な施策	根絶戦略の策定・実施・報告 地方自治体や諸団体の義務を明記、貧困のニーズ調査	都道府県子どもの貧困対策計画、子どもの教育・生活の支援、保護者の就労支援、調査研究
自治体の責務	地域の戦略の結合、削減のための協同、ニーズ調査	当該地域の状況に応じた施策を策定し、及び実施する責務
法律・とりくみの評価	子どもの貧困根絶に関する具体的な方策は明確ではない	大綱でどのように規定されるかにかかっているが、数値目標は示されず

出所)筆者作成

浅井　表1―4を見てください。日本の法との違いが明らかです。ブレア首相はアフガニスタン攻撃（二〇〇一年）なども決定した人ですが、子どもの貧困については、一九九九年に「子どもの貧困根絶宣言」を出し、「END CHILD POVERTY」（子どもの貧困をなくそう）をスローガンに、二〇二〇年までに「根絶する」と宣誓しています。以来、政府は子どもの貧困解決を次々と政策に掲げつづけてきました。

もともと「ゆりかごから墓場まで」という、生涯にわたった社会保障が伝統の国ではありますが、資本主義のなかでは、ほうっておいたら低所得層はより貧困になっていきます。それにたいして、政策的に歯止めをかけていくわけです。

生まれたら国家が貯金をしてくれる

イギリスの対策の特徴は、生まれてから社会に出るまでを包括的に対応していることです。二〇〇四年にできた制度で「チャイルド・トラストファンド」は、子どもが生まれると、すべての子どもに国から二百五十ポンドの口座が与えられ、低所得層にはさらに上積みされます。利子が高く、利子や運用益は非課税で、自分で預金を追加することもできます。十八歳になるまで親であっても引き出すことができません。おとなになったときに、次のスタートに困らないような一定の個人的貯蓄を持つことが目的ですが、投資と金融について国民が知識をもつというねらいもあります。ただ、政権交代によって制度が見直され改変されていますが。

また、学校には登録制で「朝食クラブ」が設けられています。経済的理由や仕事のために子どもに朝食を用意できない家庭の子どもたちに、朝食を提供する制度です。日本でも民間で、「こども食堂」のようなとりくみが始まっていますが、私は食事の提供というのは、学校教育における福祉機能の拡充の課題として位置づけられるべきだと考えています。

低所得の家庭の子どもは低学力の傾向にあります。そこでイギリスでは、学校で情報提供や学習や進路の相談にのる「ラーニング・メンター」制度をもうけています。

このような提案をすると、日本では〝家庭の責任〟をことさら強調する人たちがいます。「朝食まで学校で食べさせるなんて親は何をしているんだ」と。もちろん、子どもの養育にとって家庭、親、保護者の責任が大事なのはいうまでもありませんが、実際に貧困におちいっている子どもたちが、憲法第二十五条で保障された「健康で文化的な最低限度の生活」を社会的に保障するために、子どものことを最優先にした行政のあり方や基本姿勢がもとめられています。

貧困をなくす処方箋

編集部　日本でやるべき子どもの貧困対策をどう考えていらっしゃいますか。

浅井　先に子どもの貧困が発生する社会的背景と構造についてご説明しましたが、子どもの貧困対策には、労働政策や社会保障政策など包括的なとりくみが必要です。具体的には、「四つの処方箋」を提案しています（図1―2）。

図1―2　子どもの貧困対策の4つの処方箋

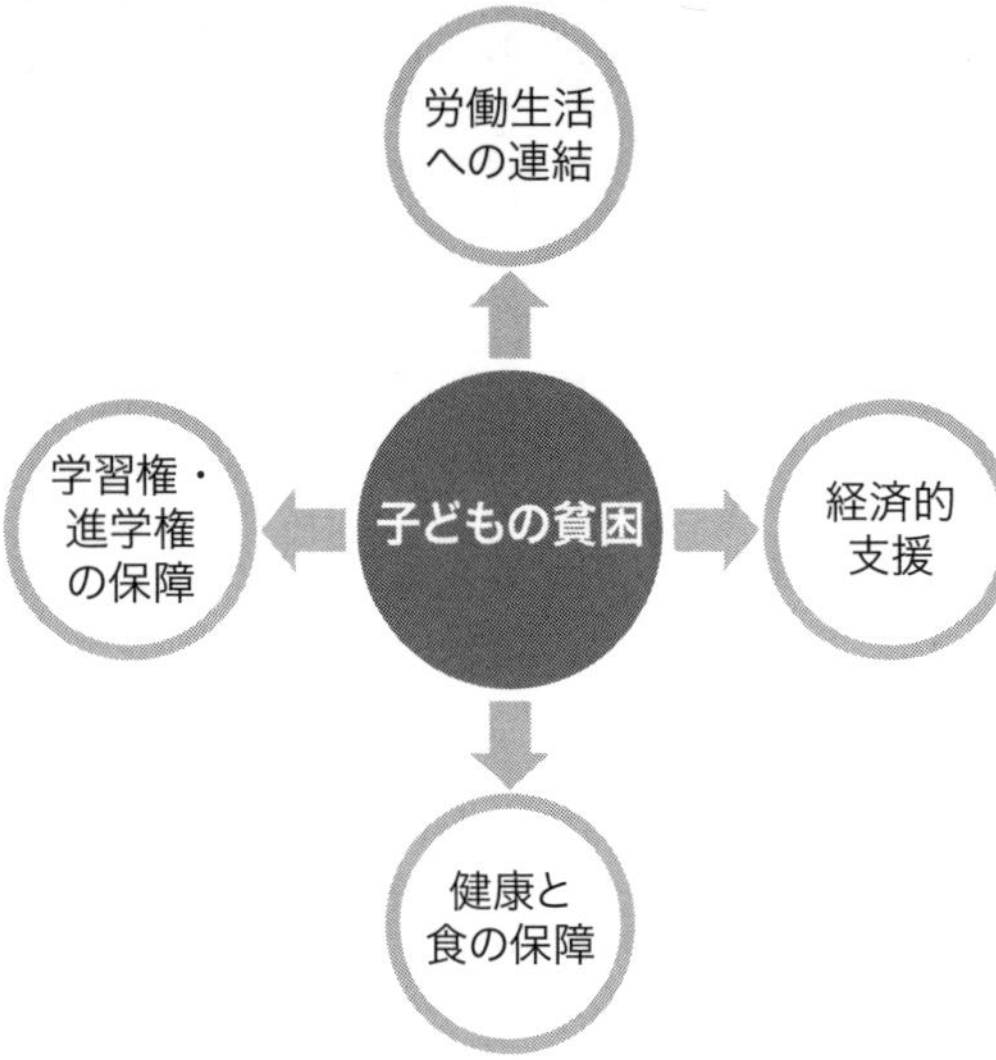

健康と食の保障

一つめには「健康と食の保障」です。いま、「まともな食事は給食だけ」という子どもたちが、かなり増えています。しかし、給食費未納の子どもには食べさせない措置さえとる自治体も出てきています。とんでもないことです。子どもが育つために必要な栄養バランスのよいおいしい食事を提供することは、貧困対策の一番目に位置すべきことです。

いま各地で広がる「こども食堂」のとりくみは素晴らしいものですが、毎日、ほんとうに必要な子どもたちに食事を届けるためには、先ほど紹介したイギリスの「朝食クラブ」のように、公的な制度にしていくことが大事です。日本には充実した給食制度があります。いまある給食室を使って、地産地消でおいしい朝食を提供することは可能だと思います。

想像してみてください。育ち盛りの子どもがおなかをすかせたまま学校へ行って机に座って、集中して授業を受けていられるでしょうか。体育でからだを動かせるでしょうか。それで注意力散漫だと先生にしかられたのでは、〝自分は社会から見捨てられている〟と感じるはずです。子どもたちにおいしいものを食べてもらおうというおとなのとりくみによって、〝この社会のなかで自分は居てもいいのだ〟という実感をつかむことにもつながります。

学習権・進学権の保障

二つめは、「学習権・進学権の保障」です。いま東京などでは低所得の家庭の子どもの学習塾費用を補助する制度ができています。もちろん、学習意欲のある子どもには役立つ制度ですが、貧困におかれた子どもたちはあきらめることを余儀なくされてきたので、「どうせおれ・わたしなんて」という気持ちが先立ち、学習意欲がはぐくまれず、あきらめている子どもが多いのです。ですから、もっと日常的に丁寧な学習支援、個別の指導が必要です。その点でイギリスのラーニング・メンター制度は参考になると思います。地域、学校、家庭で協力して子どもの学習意欲を高め、学ぶことが喜びになるようなシステムをつくっていかなければなりません。

それと関連して、進学保障を進めることです。周知のとおり日本の高学費は異常で、奨学金制度も単なる教育ローンにすぎず、いま若者は多額の借金を抱えて社会人になっています。学費の低減、給付制奨学金制度の創設で、低所得の家庭の子どもも、高校は当然ですが、専門学校、大学に進学できるようにするべきです。将来的には学費無償だけでなく、北欧のように、生活費まで保障する奨学金制度が必要です。

経済的支援

三つめは、「経済的支援」です。まず、貧困とはお金がない状態のことですから、その対策で重要なのは現金給付です。アメリカで、貧困家庭にどれだけ現金給付をすればいいかという研究があり、その世帯の現状の二五％増にするとその家庭の子どもにまでお金が回るという報告があります。そうだとすると、現在の児童手当は、三歳までは一万五千円、それ以上は一万円ですから、とても足りません。母子家庭でみますと、年間の総所得が二百四十三万円ですから、二五％アップさせるとすると三百三万円になります。母子家庭のお母さんたちはダブルワーク、トリプルワークで必死に働いており、これ以上働いて給料を増やすことは困難ですから、あとの六十万円を社会保障として現金給付をするべきなのです。

経済的な貧困はそれ自身つらいものですが、子どもの体験の貧困をも招きます。それは文化の貧困となり、「どうせ自分なんて」というあきらめになり、自己肯定感・観の低下や行動の無謀化につながっていきます。子育てには「ゆとり」が必要です。忙しいときに家族で外食したり、年に何度か旅行やお出かけをしたりというささやかな幸せを味わい、記憶のなかに家族との思い出を蓄積していくことは、子どもの発達にとってかけがえのないものであり、それが感情や意欲を育てていきます。そのためにも、現金給付がとても大事なのです。

労働生活への連結

そして四つめに大事なのは、「労働生活への連結」です。現在、若者の二人に一人が非正規雇用です。正規でもブラックな働かされ方をしてからだをこわす人もいます。一度辞めると、低賃金の非正規雇用に流入し、そこからなかなかはいあがれない。これでは結婚も子育てもできず、もし子どもをもっても、貧困の連鎖をつくることになってしまいます。若者が働きつづけられる労働現場、労働環境をどうつくっていくか、大きな課題です。

乳幼児期へのアプローチ

いままでの子どもの貧困対策の中心は、小中学生対象です。しかし私は、いまは貧困対策としてエアポケットになっている乳幼児期の子どもたちへのアプローチをつよめるべきだと考えています。

ＯＥＣＤ編『ＯＥＣＤ保育白書 人生の始まりこそ力強く：乳幼児期の教育とケア（ＥＣＥＣ）の国際比較』（明石書店、二〇一一年、原題は「Starting Strong II：Early Childhood Education and Care」, 2006）では、出生から三歳になるまでの幼い子どもたちへのケアや教育がとても重要だということを分析しています。脳や身体機能が爆発的な発達をとげる時期であり、長期的な影響をもつため、栄養やヘルスケア、気持ちを理解してくれるおとなの存在、遊びの機会など、幼い子どもの権利の保障が大変重要なのです。

その点、日本では保育所の役割が大変重要です。その大事な時期に、詰め込み保育や、保育士の過重労働がまん延しているという状況では、人生の始まりを力強くすることは困難です。

小中学生の対策は〝学習支援をしたら高校進学率が高くなった〟というように、数値で分かりやすいのですが、乳幼児期の子どもへの対策は、投入したお金や人材にたいして、成果が見えにくい問題があります。しかし、その重要性を踏まえて、乳幼児期へのアプローチをつよめていくことが求められています。

大切な地域ネットワーク

これらの処方箋を実践するためには、地域での連携、貧困対策のネットワークが大切だと思います。学校と地域の無料塾の連携、時には民間の学習塾との連携も必要かもしれません。子どもの居場所づくり、こども食堂、いつでも気軽に相談できる病院、行政でいえば保健師、福祉事務所職員……民生委員を含めてさまざまなおとなが、それぞれの専門、それぞれの観点から地域の子どもたちの状況を見て、いま何が必要かを話し合い、動いていくネットワークを進めていくべきです。すでに各地で無料塾やこども食堂が始まっていますので、それを軸にして、ネットワークをつくってみてはどうでしょうか。

貧困を多面的にとらえる

今後は一歩進んで、経済的指標だけではなくて地域や年齢別に、生活の深部から貧困とは何かを多面的にとらえていく試みが必要だと考えています。

たとえば、中学生であれば、家に自分の机があるか、自分だけが使える音楽プレイヤーを持っているか、参考書を自由に買えるか。小学生なら、誰と何時に食事をしているか、おかずの数は何品か、歯が痛いのを我慢せず歯科医院に通えるか、家族で旅行に行った年間回数……。そうした調査をおこなって、貧困のリアリティー、子どもの現実を丁寧にみていく調査をしていきたいと思っています。

現代の貧困は見えにくく、生活保護なのにスマホを持っているとか、母子家庭なのに子どもをおばあちゃんに預けて飲みにいったとか、目に見える生活を捉えて、まわりは非難の目でみることがあります。しかし、その一方で、毎日満足に食事ができていないかもしれない。親と子の切ない思いに寄り添うためには、具体的な生活を見ていく必要があると思います。

現在、ふたたび貧困バッシングがくり広げられていますが、貧困を生み出す要因を個人の努力不足とぜいたくな消費嗜好の問題に押し込もうとする動きであるといえます。

自治体でやるべきこと

編集部　「子供の貧困対策大綱」では、地方自治体でも「子供の貧困対策についての検討の場」

を設けるよう、また「子供の貧困対策についての計画」を策定するように、とあります。

浅井　調査や、検討の場は必要ですし、対策のための計画も大事です。しかし、先にのべたように国が数値目標をもっていないことから、自治体での計画も課題の羅列になりかねません。

ですから、私は、子どもの貧困根絶（対策）条例といったものをつくるべきではないかと思っています。まずその自治体ではどれくらいの子どもが貧困なのか、実態を調査する。そして、どういう対策をいつまでにとるのか、目標を決めてとりくむ。思い切って予算をつける。二年に一回は調査をし、対策の見直しもしていくことが重要です。

沖縄県の独自調査で子どもの貧困率二九・九％である沖縄県では、県独自で子どもの貧困の調査をし、予算をつけました。二〇一六年三月には「沖縄県子どもの貧困対策計画」が策定されています。民間のネットワークを生かして、どんな対策ができるのか、みんなで議論をしているところです。

就学援助条例を

小中学生の貧困対策で不可欠なのは、就学援助制度です。しかし、自治体によって、基準も額も項目も相当違います。生活保護世帯プラスアルファくらいしか受給できないところもあれば、生活保護基準の一・五倍くらいの収入の世帯も受けられるところもあります。申請の仕方はどうなっているか、額や項目は減らされていないかなど、この制度が十分に機能しているのかの丁寧なチェックが必要です。

そしていまは、多くの自治体では要綱で実施されていますが、必要な子どもがもれなくきちんと利用できるようにする、制度の完全な実施という観点からすれば、条例化が必要ではないでしょうか。条例になれば、制度の改変についても議会を通らないといけないため、住民のチェックもできます。

また、小さな自治体ですと、教育委員会のなかに専任の就学援助担当者がいない場合が多い。兼任で、片手間のようなかたちでやろうとすると、どうしても申請のハードルを高くしてしまいがちです。専任の担当者をつくることは必須条件です。

それぞれの自治体でどういう制度になっているのか、ほかの自治体はどうなっているのか、情報をつかみ、制度の完全な実施、さらなる充実を求めていくことが大切です。

貧困を放置する社会でいいのか

横浜市立大学名誉教授　中西　新太郎

貧困はどうあらわれているか

私たちは貧困の問題を考えるときに、どう支援するかと最初に考えがちです。しかし、現代において子どもの貧困はどのようにあらわれているかを、まずは考えてみたいと思います。

10分100円の託児所

保育所に関する新聞の投稿を、三つ紹介します。

「夫は仕事で一年の三分の二は不在だった。長女と双子、三人の子と生き延びるため、何を手放すかが私の判断基準となった。……双子に授乳しながら座って眠り、気が付けば夜が明けていたことも。……保育園に入れなければ共倒れになる。腹を決めた保活。ハローワークでは託児を先に、保育園では仕事を先にしてくださいと言われた。某企業の託児付きの仕事に就いた。働く女性の味方とうたうには程遠く、ご奉仕の世界で、貧困を生む仕事だと感じた。……どの家庭も当たり前に、安心して子を育てられる世界であってほしい」(「東京」二〇一六年四月三十日付)

「この春、一人息子が認可保育園を卒園した。ゼロ歳の時、認可保育園に入れず、共働きでなければ生計が成り立たないため、悩んだ末に息子を遠く離れた妻の実家へ一年以上預けた。……認可に入れるか入れないかで明暗が分かれる。仕事と子育てで頑張っている人同士は、苦労を分かち合える仲間なのに、少ない空席を取り合い、溝をつくる状況は早急に改善すべきだ。多くの人が低収入で家計をやり繰りしている。待機児童問題は、苦境の中でも前向きに努力している人たちを、さらに苦しめている」(「東京」同年四月二十一日付)

「電車の停車駅で電車の窓越しに『10分間100円より』とビルの2階に書いてあるのが見えた。1時間600円とは高い駐車料金と思った。電車が動き出すと続きが見え、『3歳児より』とあった。子どもは手荷物ではないはずだが、10分単位で預けられているとは。目的地で電車を降り、アーケード街を歩いていると、飲食店と商店の間に『幼児園』と書かれたガラス戸があった。日の光が全くささない部屋の中で、おむつの取れない子がぽつんと座っているのが見えた。入り口に貼り出されている広告に『1時間600円、おやつ代100円、紙おむつ1枚100円』などとあった。こちらの方が、10分単位でないだけ良心的なのだろうか。母親はきっと懸命に働いていることだろう。コインロッカーを使うような気持ちで預けているとは思えない」(「朝日」二〇一二年六月三十日)

このように、私たちが生きるこの社会は、普通に働いていても貧しい、普通に暮らしていても苦しい、ましてや子どもを安心して育てることができない社会なのです。格差・貧困問題とは、「誰もが普通に、人間らしく暮らせるためにはどうすればよいのか」という問題です。

貧困を放置する社会の側の問題

貧困や格差をほうっておくと、社会全体がこわれていくのではないでしょうか。「無縁社会」という言葉が象徴するように、現在の社会では人と人とのつながりが断ち切られ、私たちの生活を支える社会の土台が崩されている現実がひろがっています。

ですから、貧困の問題を解決するというのは、単に貧困にぶつかった人をどうするという視点では狭く、解決が遠くなります。貧困を放置し置き去りにするような社会の側のあり方を問題にし、社会を変えていくとりくみをしなければなりません。たとえば生活が困窮している人に、生活保護を受ける必要があるのではないかと勧めても、ご本人が「受けません」と断るようなケースもあります。自分が貧困やいろいろな困難をかかえていても、それを社会保障というかたちで社会が解決することを、権利だと考えず、何か恩恵を施されていると感じさせてしまう、そこに大きな問題があります。あなたの貧困をどうにかするだけでなく、それを放置する社会を変えようと考えて行動しているのだと伝えることが、大事だと思います。

大衆的貧困

いまの日本では、明らかに目にする貧困よりも、貧困の裾野は実はもっとずっと広いのです。私は「大衆的貧困」と呼んでいますが、簡単に言えば、いつでもどこでも私たちは貧困状態に陥るかわからないという、そういう危険のなかで生きています。

「ワーキングプア」という言葉は、もともと英語では存在したのですが、わが国では、子育て世帯の貧困率について独自の推計をおこなってきた都留文科大学名誉教授の後藤道夫さんが最初にこの言葉を使って、それがＮＨＫの番組にとりあげられたりして、知られていった経緯があります。ワーキングプアというのは、普通に働いていても大変だ、暮らしていけないという現実を指しています。病気だとか障がいがあるなど、いろいろな事情があって働けない人たちが貧困なのだろうと思いがちですが、それだけではなく、二十代の青年が、普通に働いて、にも関わらず暮らしていくのが大変、生きていくのが大変、こういう状況です。ですから非常に裾野が広いのです。

子どもの貧困率は一六・三％です。とても深刻な事態です。子育て世帯の貧困率をみると、後藤道夫さんの試算では、二十数％、ざっと四、五世帯に一世帯が貧困だということです。みなさんのすぐ隣、どこの保育園でも、どこの学校でも、そこここに、貧困な状態で生きている子どもがいることを意味します。そして、残りの八割も、いつ貧困に陥るか分かりません。

あるルポルタージュによれば、たまたま二十代後半くらいのときに友だちの結婚式が三回続いた――いま、ご祝儀は三万円くらいでしょうか、二カ月くらいの間に九万円払えば、それだけで家計がアウトになる状態の人たちがたくさんいるというのです。二十代の単身者で貯蓄ゼロの人は、六二・六％です（家計の金融行動に関する世論調査〔単身者世帯調査〕二〇一五年）。また、別の調査では、毎月いくら減収すると家計がアウトになるかという質問にたいして、月六千円くらい減収になってしまうと、たちまち家計がアウトになってしまうという結果が示されていました。そのような状況では、友だちの結婚式があっても、「ちょっと用事があって行けない」と言うしかありません。友だちの結婚式ならまだしも、親戚に不幸があったら欠席もできない。香典を出したら貧困に陥る、そんな状態なのです。

複雑に現れる貧困

貧困の現れ方はいろいろです。経済的にきびしいという話をしてきましたが、それだけではありません。経済的な窮迫がそのままの姿で現れるとは限らないし、貧困の現れは複雑につながっています。他者の目に見えているか、見えていないかということだけで、貧困を推し量ることはできないのです。

ある精神医学者の方は、「職場結合性うつ病」という言葉を使っていますが、過重な仕事のうえにきびしい評価がなされ、そのなかで心身が疲弊し、うつ病を発症するケースが著しく増えているそうです。必死で働いて、経済的にも何とかやっている、しかし、一方で心身を病みながら生きている人たちがたくさんおられるということです。

子どもの生活に目を向けますと、いまどき、スマートフォン（スマホ）がないと学校生活を送れないという現実があります。クラスや部活の連絡は全部スマホのライン（無料通話・メール）でくるのが当たり前です。また、ラインのグループをつくって、そこでいっせいに連絡をする。いまの中学生は、スマホのライングループを十から十五は持っているようです。仮に、お金がないからスマホが持てないとなると、たちまち学校生活に支障をきたすことになります。

ユニセフは、所得だけでは表されない実際の生活水準を測る方法として、「剥奪状態」を指標に挙げていますが、一日三度の食事がとれているか、インターネットに接続できるか、習い事ができるか、年齢にふさわしい本があるか、宿題をするのに十分な静かなスペースがあるかなど、子どもの生活に関わる十四の項目を調べています。そのうち二つ以上が欠けている場合に「剥奪状態」としています。そうなると、私は、日本の少なくない子どもたちが剥奪状態に置かれているのではないか、と思うのです。

子どもの居場所がない

もう一つ申し上げると、日本にはストリートチルドレン（路上生活の子ども）はいないと思われていますが、私は、「居場所がない」という点で、〝日本のストリートチルドレン〟が存在すると考えています。

学校はいま、下校時間をきびしく守らせます。保護者が働いている場合は学童保育へ行きますが、学童保育でも保育園と同じように、待機児童がとても増えています。公園で遊んでいても、近隣住民から「うるさい」と言われます。学校にも学童にもいられない子どもは、どうしているか。行く場所がなくて、あっちをウロウロ、こっちをウロウロしているという状態です。子どもがゆったりと遊んだり、時間を過ごしたりする場所がない、居場所が奪われているという点でも、貧困が広がっているといえると思います。

残念なことに二〇一四年、川崎市の河川敷で中学生が殺害される事件が起こりましたが、子どもたちの居場所がない問題が背景にあるのではないかと感じます。

子どもをめぐるさまざまな状況を、貧困とつながりがあることとしてとらえる視点や想像力がないと、現在の貧困の問題に接近していくことはできないと思います。しかし、そういう努力を一人でするのは大変にむずかしいことです。さまざまなかたちで現れている貧困の問題を受けとめていくための横のつながりを、私たちはつくっていかなければいけない。労働相談の場で病気の相談もできる、子どもの育ちの相談のなかでその家庭の経済的な問題を見ていく、そういう支援のつながりが必須だと考えます。

社会的孤立で貧困が見えなくなる

社会的に孤立してしまうと、貧困が見えなくなります。私は引きこもり者支援に関わっていますが、引きこもっている人の一番困難な時期には、部屋のなかから出られません。引きこもりの方はいませんか、と訪ねて歩くのはむずかしいですから、もっとも困難な状態に置かれると、まわりから見えなくなってしまいます。貧困の場合も、貧困のために他の人たちとのつながりを失っていくことで、かえって貧困が見えなくなるという、孤立の問題があります。

子どもの場合、携帯やスマホを持っている高校生は九割以上、中学生でも六割を超えています。そういうなかで、携帯もスマホも持っていない、インターネットにアクセスしていない、かつ、友だちとの交流がないという子どもが、私が関係した調査では一割前後いました。おそらく、その多くはものすごく孤立した状態だと思います。普通おとなは子どもたちに、「ネットばかりやっているると、友だちとのつきあいが貧しくなる」と言いがちですが、そうではなくて、携帯・スマホも使わず、友だちも少ない、孤立している子どもたちが、一定数いることがうかがえます。

なぜ、そうなるのか。たとえば、ラインのグループで、「一緒にディズニーランドへ行こう」と盛り上がったとします。けれども、ディズニーランドなんてお金がかかるところへは行かれないとなると、その誘いをどうやってさりげなく断るか、ということに悩みます。「お金がないから行けない」とは絶対に言えないので、「さりげなく」断るスキルが必要です。まわりの子からすれば、理由もよく分からないので、〝あの子、変わった子だね〟〝友だちづき合いをしないんだよね〟というふうに見える。そうやって、貧困状態が見えないまま、孤立していく。地域社会のなかで、家族全体が孤立をしている様子は、大きな犯罪事件等があったときに初めて、浮かび上がってきたりすることに、お気づきの方もいらっしゃるのではないかと思います。

「一億総活躍社会」？　実は「生涯貧困社会」

安倍政権は、「一億総活躍社会」を掲げて、女性が輝く社会をつくるために保育所もつくる、ということを口では言っているわけですが、ご承知のように、「保育園落ちた」という匿名のブログ（二〇一六年二月）をきっかけにして、実はとてもそんな状態になっていないことが明らかになりました。また、妊娠、出産した働く女性への職場でのハラスメント、いわゆるマタハラも、ひどいものがあります。ネット上でも、「保育園も希望通りに入れられないくせに働きたいなんてずうずうしい」というような言葉が飛び交います。冒頭に紹介した投書からもわかるように、子どもを産み育てることへのハードルが、とても高くなっています。

子どもが生まれても、教育格差や教育貧困の問題があります。普通に学校に通って社会に出るということが、実はむずかしい社会なのです。憲法第二十六条で「義務教育は無償」と定められているのに、それは名ばかりです。

たとえば、小学校入学時のランドセル。いまはさまざまな色がありますが、予約は半年以上前にします。高いものになると五万円から六万円で、最低でも二万円。経済的に苦しい家庭が、ランドセルに二万円出せるでしょうか。まず、入り口でつまずきます。学校の給食費は毎月四~五千円です。子どものためにひと月五千円の食費を出せる家庭ばかりではありません。小学校の卒業式では、都市部だと貸衣装を借りて、親と一緒に記念写真を撮ることが当たり前になっています。中学校の制服は、五、六万円かかります。こうしたお金を準備できない、あるいは準備するのに苦労する家庭の子どもは、子どものときからすでにさまざまな困難があることを、身にしみて分かることになります。

ご承知のとおり、学費そのものも高いです。家計に少しでも余裕があれば、毎月一万円程度の貯金や学資保険をかけるわけですが、それだけの余裕がない家庭の子は、奨学金を借りることになります。大学を卒業する時点で四百~五百万円の借金を背負います。私が知っている例では、大学院を出る段階で一千万円の借金を抱えている、という事態があります。これほどの借金を抱えて社会に出るというのは、どういう状況なのか。ネット上では、「奨学金を借りている人は結婚できないのですか」という質問にたいして、「完済しないまま結婚って、非常識」といった返答がざらにあります。これだけ額が多いと、奨学金の完済は四十歳くらいになります。それまで、結婚もできない。奨学金という名の借金が、人生を狂わせていきます。

『週刊東洋経済』二〇一六年五月十四日号の特集は、「生涯未婚」。男性の三人に一人が一生独身、という時代に、「結婚なんか、ぜいたくだ」という企画です。男性の場合、正社員よりパート・アルバイト、派遣のほうが未婚が多く、結婚していない理由は、圧倒的に「収入が十分でなく結婚後の生活に不安がある」です。

「一億総活躍社会」と政府は言うけれども、実際は、「生涯貧困社会」が生み出されようとしているのではないかと、危惧しています。

これに対処するためには、日本の社会に生まれた人が、人生のどの段階でも安心して普通の生活を送ることができるような支えをつくらないといけません。つまり、一つひとつの問題をバラバラに考えるのではなくて、支えを縦につなげて延ばすことが、必要になってくるのではないかと思います。

なぜ格差と貧困が広がったのか

「構造改革」のなかで政策的につくられた

そもそもなぜ、格差と貧困が広がったのでしょうか。不況のせいでも、国民の努力が足りなかったわけでもありません。「構造改革」と「新自由主義」のなかで、政策的につくられてきたのだと、私は考えています。

一つは、働くルールをこわし、低賃金の非正規労働者を増やした。そして、社会保障や福祉制度を切り縮めてきた。これらが、子どもや若者を直撃して非常にきびしい貧困状態を生み出してきました。

保育所については、待機児童対策と称して、預かる子どもの数を増やし、「子ども収容所」のようなすさまじい状態になっているところも生まれています。「子ども子育て支援新制度」の方針にそって、大阪の阪南市では七つの公立幼稚園、保育所をひとつの園に統合して、六百人規模の保育施設（認定子ども園）をつくろうとしています。

制度があっても知らせない政治

二〇一三年に子どもの貧困対策法ができ、法律にもとづいて「大綱」がつくられて、課題を明記しています。しかし、一人ひとりの子どもたち、若者たちに、こういう権利がある、こういう制度があるということをきちんと知らせているのでしょうか。生活保護の申請が典型的ですが、むしろ、行政の側に、制度があっても知らせない、あるいは利用させないというやり方がまかり通っているのではないかと思います。先日、大学の授業で、ある学生に「失業保険があることを初めて知りました」と言われたこともありました。誰もが人間らしく生き、暮らすために、どんな制度や社会的支えがあるのか、どのように利用できるのかを伝える責任は、社会、政府、自治体にあるのです。

自己責任論を打ち破れ

先ほども紹介した「奨学金は借りたものだから返すのがあたりまえでしょう」という「自己責任論」――自立とは自分ひとりで何でもできることで、死ぬほどの目にあわない限り、社会的な支援なんて利用すべきではない、という考え方が、日本の社会に広くまかり通っています。この現実を、私たちはもっと考えなければいけないと思います。自立・自助、家庭責任という名の「自己責任」論の押しつけが、格差、貧困を野放しにし、社会的つながりを分断すると考えます。これとたたかい、克服していくことが、大きな課題ではないでしょうか。

政治の転換と社会連帯の推進を

貧困をなくしていくために、何をするべきか。まず、政治を大きく変えていくことです。貧困を置き去りにして、さらに、どんどんひどくしているような政治をあらためていくことです。

それと同時に、さまざまな現場で、貧困の問題を社会の問題として解決するとりくみをしている人たちの具体的なつながりを強めて、社会的な連帯の力を強くしていく作業も必要です。

二〇一五年十二月、東京・新宿で「ＡＥＱＵＩＴＡＳ（エキタス）」という若者たちの団体が、「最低賃金を千五百円にしろ」というデモをしました。そのなかでスピーチをした女性の言葉を紹介します。

「誰も何も教えてくれないくせに、知りもしないくせに、『お前より大変な人はいる』、『自分も苦労したけど何とかなった』、『社会のせいにするな』……。そんなこと言われたって、おなかいっぱいになんかならねぇんだよ！……具体的な使える制度を、方法を教えてくれよ！　頼り方を教えてくれよ！……おかしいことは『おかしい』って言っていいだろ?!」

彼女は、過労死するまで働くか、自殺するしかない社会が、仕方ないわけない、とも言っています。自分たちが生きていくための権利や制度や支援を、社会全体で整えられるような社会にしていこう、という彼女の訴えに、深く共感します。貧困や生活苦を個人任せではなく、社会が、政治が、政府がとりくみ解決する、そんな世の中が当たり前になるようみんなでたたかいましょう。

（二〇一六年五月十五日、日本共産党山添拓事務所・同国会議員団東京事務所主催「シンポジウム　格差・貧困社会と子育て」での講演より）

すべての施策を貧困解決の視点で問い直せ

日本共産党副委員長・参議院議員　田村　智子

国会質問でとりあげてきた課題

私は国会でこの六年間、子どもの貧困に関わる問題をたくさん質問してきました。一つのテーマで二回、三回と質問したこともありますので、かなりの回数とりあげています。

・認可保育所が子どもの貧困対策に担う役割
・子ども医療費無料を国の責任で
・義務教育学校での子どもの貧困対策
・高校授業料無償化
・高校生への給付制奨学金の充実、大学生等への給付制奨学金の創設
・児童扶養手当の拡充、支給期間五年で減額中止
・生活保護世帯の高校生への支援

・十八歳以降の支援策

私が当選した二〇一〇年前後、子どもの貧困問題にとりくんできた市民団体の方たちが、子どもの貧困対策基本法をつくってほしいと何度も国会に要請にこられ、私も現場の実情や意見を聞く機会が多くありました。集会やデモなどもありました。そういう力に押されて、二〇一三年に子どもの貧困対策法ができ、自治体も、この法律にもとづいて子どもの貧困対策をつくっているところもあれば、いままさに作成中というところもあるかと思います。しかし、ただこれまでやってきた施策を並べて、それが基本計画だとまとめたのでは、実効性は乏しく、絵に描いた餅になりかねません。自治体でのとりくみをすすめるためにどうしたらいいか、という問題意識でお話しします。

困難な家庭の子どもはどうなるか、という視点で

直接契約では未納の子は退所になる危険

まず、子どもに関わるあらゆる施策を、「これをすすめたら困難な家庭はどうなるのだろうか」、という視点で問い直すことが大切です。二つの例をあげたいと思います。

一つは、保育所の問題です。政府は「子ども子育て新システム」をつくる際、保育は市町村に実施義務があるという規定をなくし、保育所と保護者の直接的な契約にし、自治体は保育施設や施策を保護者に紹介し斡旋するだけ、という制度に切り替えようとしました。しかし、猛烈な反対運動のもとで、市町村の保育の実施義務の削除は許さず、市町村の責任で認可保育所を実施していくと

いうことは残りました。

なぜ、保育所と保護者の直接契約ではだめなのでしょうか。保護者があちこちの保育所を見学にいって契約をしていくため「保活」が大変になる、というのはもちろんですが、それだけではありません。もしも、そのご家庭が経済的に苦しくて保育料が払えなくなったとき、保育所がその子どもを退所させることを、制度として許してしまうことになるからです。保育料も払えないという一番困難な家庭の子どもたちから、保育をとりあげてしまう危険性があります。

新制度に先立って始まった「認定こども園」は、園と保護者の直接契約のため、保育料が未納のときには契約解除が認められています。この点を国会で追及し、生活困窮が原因で未納を理由とした退所が起きた場合、市町村が関与して、その子どもは認可保育所で引き受ける、というシステムは残されました。しかし、子どもは、慣れ親しんだ保育園を退所させられるわけです。

認可外の保育施設は、現行制度でも直接契約です。直接契約のもとでは、保育料を払っていない子どもを預かるのは、経営上大変です。しかし、未納にもさまざまなケースがあります。払えるのに期限に間に合わなかったということならば、対応策は別途あります。一方、払いたくても払えない家庭もあります。未納の背景をしっかりつかむのは、やはり自治体の役割ですし、実態をつかめば、その家庭への支援策につなぐこともできます。

保育というのは、まさに乳幼児のいのちを守る最前線です。そこで、子どもの貧困対策で何ができるのか、今後も検討していきたいと思います。

高校授業料無償化制度に所得制限が

もう一つは、高校授業料の無償化問題です。

高校授業料の無償化は、民主党政権時代の画期的な政策でした。しかし、自民党に政権が移って、所得制限を設けてしまいました。所得制限というと、所得の高い人が無償でなくなるだけで貧困世帯は関係ない、と思われるかもしれません。しかし、この所得制限を設ける法律では、高校生に所得の申告義務を負わせたのです。実際には、保護者が自分の所得を申告することがほとんどでしょうが、法文上は高校生自身の義務なのです。十代の人にこんな申告義務を負わせる法律はおかしいと言わざるを得ません。所得申告をするのが困難な家庭があります。たとえば、保護者が派遣を掛け持ちして生活している場合。何カ所もの派遣会社から源泉徴収票が送られてきて、それで自分で申告をしなければ、所得が確定しません。不安定な働き方をしている人ほど、所得申告の実務がむずかしい。そして、申告をしなかったら、高校授業料は無償にならない。一番困難な働き方をしている家庭の子どもが、この無償化で排除される危険性があるのです。

この経験で、私は学びました。すべての子どもを対象にした施策は、必ず貧困世帯の支援になる。だから、「貧困家庭の子に申告させて施策を受けさせる」のではなく、「すべての子どもを対象にする」ことが大切なのだ、と。

こうした視点は、今後の子ども施策全般に貫かれるべきですし、子どものための施策全体の充実をはかるなかで、実現していきたいと思います。

日本の異常をただす

働いても貧困から脱することができない

貧困対策は、日本の異常を直視して施策を正していくことが求められていると思います。OECD諸国加盟国の比較表（表1-5）を見ると、日本の異常は、「働いても貧困」ということです。ほかの国では、就労すれば貧困が劇的に改善していますが、日本では――とくにひとり親家庭では、就労しているのに貧困という世帯が過半数、不就労よりも貧困が若干悪化するという異常さです。背景には、小泉内閣の「構造改革」路線のなかで、二〇〇二年に母子世帯への支援策を「就労による自立」、「養育費確保の自己責任」というものに転換してしまい、ひとり親家庭に支給される児童扶養手当が、働いて収入が増えると減額されていく仕組みになったことがあります。本来、手当を受けてさらに働けば、収入が増えるのですが、働いたら手当を減らすので、総収入はなかなか増えません。

根っこにある女性の賃金差別、非正規雇用の低賃金などの問題を改善していくこととともに、児童扶養手当の拡充を求めていきたいと思います。働いて収入を得る、そこに手当で上乗せして収入を全体に増やす、という施策に転換していきましょう。

表1—5　子どもの貧困率及び子どものいる世帯の貧困率（2010年）

国	子どもの貧困		全世帯		2008年水準				
					一人親世帯		二人親世帯		
	2010年	90年代半ば以降の変化	2010年	90年代半ば以降の変化	不就労	就労	2人不就労	1人就労	2人以上就労
オーストラリア	15.1	2.1	12.5	1.5	73.1	14.4	67.5	10.3	1.9
オーストリア	8.2	—	6.7	—	58.8	16.9	47.9	13.1	2.2
ベルギー	12.8	—	10.5	—	67	16.9	63.4	15.5	1
カナダ	14	−0.4	11.9	−0.8	87	27.4	68.5	23.2	4.4
チリ	23.9	—	20.5	—	82.5	37.4	76.5	33	5.1
チェコ共和国	9	3.5	7.6	3.4	83.7	14.8	66.2	9.3	1.8
デンマーク	3.7	1.7	3	1.4	26.7	5.6	30.5	9.3	0.9
エストニア	12.4	—	11.4	—	78.7	18.2	65.8	17.3	3.7
フィンランド	3.9	1.9	3.7	1.9	43	6.8	43.2	7.3	1.4
フランス	11	2	8.7	0.4	49.7	18.4	24.8	11.4	2.9
ドイツ	9.1	1.1	7.1	0.5	54	23.8	16.4	2.5	0.5
ギリシャ	17.7	5.8	15.8	5.2	54	16.7	57.8	26.3	4.7
ハンガリー	9.4	−0.9	9	0.3	71.8	15.1	16.9	8.5	2.3
アイスランド	7.1	—	6.3	—	31.2	26.2	30	14.6	2.3
アイルランド	10.2	—	9.7	—	36.9	2.1	26.9	9.9	0.6
イスラエル	28.5	14	24.3	11.5	86.3	30.2	88.7	44.1	4
イタリア	17.8	−1.8	16.6	−1.9	84.2	27	84.7	29.2	5.6
日本	15.7	3.6	14.6	3.3	50.4	50.9	36	13.6	11.8
韓国	9.4	—	—	—	—	—	—	—	
ルクセンブルク	11.4	3.5	9.9	2.6	60.2	41.6	34.6	16.8	3.8
メキシコ	24.5	−1.5	21.5	−0.3	41.9	28.2	75.3	32.9	10.4
オランダ	9.9	0.2	7.9	0.5	58.2	22.6	66.4	15.4	2
ニュージーランド	13.3	0.6	10.4	−0.6	47.4	13.8	46.9	13	2.5
ノルウェー	5.1	1.4	4.4	1.4	42.3	9.9	42.4	12.6	1
ポーランド	13.6	—	12.1	—	64.8	15.1	62.1	26.6	4.4
ポルトガル	16.2	—	14.2	—	60.6	23.8	78.7	30.3	4.6
スロバキア共和国	12.1	—	10.9	—	59	7.6	70.6	20.2	4.8
スロベニア	9.4	—	8.2	—	82.2	24.9	80	35.7	2.4
スペイン	20.5	—	18.9	—	84.6	23.9	73.4	27.1	7.5
スウェーデン	8.2	5.7	6.9	4.7	56.7	10.9	58.4	18.2	1.2
スイス	9.8	—	8.7	—					
トルコ	27.5	7.9	22.9	6.1	44.7	32.4	45	21.5	20.2
イギリス	9.8	−6.3	9.2	−3.2	27.8	4.8	30.3	8.6	1
アメリカ	21.2	−1.1	18.6	−0.1	90.7	31.1	86.9	28.1	5.8
OECD平均	13.3	2	11.6	1.8	58	20.9	53.6	18.6	4.1

※2016年3月17日　参議院予算委員会提出資料　日本共産党　田村智子
出所）OECD Family Databaseより

生活保護の活用も

母子世帯で児童扶養手当を受けている方の多くは、生活保護の収入の水準に達していません。それなのに、生活保護を受給していない家庭がとても多い。貧困に対する一番の命綱は生活保護です。自治体は手当の申請の際に所得を把握しているのですから、生活保護行政は、子どものいる申請対象の世帯にたいしては、待っているのではなく、「生活保護を申請することを考えましょうよ」と、保護者にたいして働きかけるくらいのことをするべきではないでしょうか。

働きながら、児童扶養手当を受けながら、生活保護も積極的に活用することが大事です。働いて働いて、保護者が子どもと接する時間もないほど働く、というのではなく、働く時間を少し短くしてでも子どもと接する時間をもつことを保障する、これが長い目で見たときの子どもの貧困対策になります。そういう施策へ、方向転換を求めていきたいと思います。

十八歳以降の子どもの貧困対策

現在、日本では十八歳以降の子どもの貧困対策が全くありません。生活保護世帯では、高校を卒業したら、「稼働能力を生かす」ことを余儀なくされます。もし、生活保護世帯の高校生が給付制奨学金を受けてその後の進学のために貯金をしていると、その奨学金がまるまる収入認定され、その分、生活保護費が減額されてしまいます。大学や専門学校に進学すると、保護を受けながらの進学は認められないので、その子は、保護世帯から抜けなければならない。学費だけでなく、生活費も自分で稼ぐことが必要なのです。こんなことが許されていいのでしょうか。

奨学金と学費の国際比較をみてあらためて驚いたのは、日本と同じく「高学費・低支援」といわれている韓国でも、給付制奨学金制度があるということです。それも、生活保護世帯にたいする制度としてスタートさせたのです。保護世帯でも、当然ながら大学進学を認めているのです。そこから低所得層、中所得層へと漸次対象を拡充しています。ですから、生活困窮世帯に大学進学など認めないという国は、日本くらいだと思います。

進学を認めないということは、貧困の連鎖になります。ひと昔前だったら、高校卒業後、地元の銀行や郵便局、役所などに就職することができました。しかしいまは、そうした就職口はほとんどなく、高卒は非正規雇用、という実態がひろがっています。ですから、なかなか貧困から抜け出せないのです。

福島市が、生活保護を受給している世帯の高校生の奨学金を全額収入として認定し、その金額分を生活保護費から削ったことにたいして、二〇一五年八月、厚生労働省が是正しました(注)。そして、ついに厚生労働省は、制度自体を見直す方向になりました。私も国会でずいぶん追及しましたので、大変うれしく思っています。当事者のたたかい、国会内外のたたかいが、政治を動かしているのです。保護を受けながらの大学等への進学を認めるよう、引き続き求めていきます。

(注)高校在学中に得た奨学金を大学受験料・入学金支払いのために貯金した場合、収入認定されないこととなりました。

教育分野での子どもの貧困対策

学校で見える「貧困」

教育の分野で、子どもの貧困対策はいっそう重要になっています。

子どもの貧困がなかなか見えない、というのが現実だと思います。携帯を持っていても、晩ごはんをまともに食べていない子どもは、たくさんいます。その実態を、どうやってつかむのか。私は、義務教育課程が最大のチャンスだと思います。義務教育期は、学校を通してすべての子どもたちを把握することができます。学校の先生やスクールソーシャルワーカーがどうやって子どもの貧困をつかみ、それを支援につなげていくのか、ここが探求の課題です。

ある中学校の先生が、「美術の時間に貧困がわかる」とおっしゃいました。百円ショップで買った絵の具しか使えないので、色の鮮度が違うといいます。あるいは、音楽の時間に音が外れたリコーダーを持ってくる。これも百円ショップのリコーダーだから、音が違う。あるいは、歯科健診で、毎年同じ所が虫歯のままで、治療していない子。宿泊行事のときに、保険証のコピーを提出するように言われても、いつまでたっても出してこない家庭。学校では、子どもの貧困をつかむチャンスはたくさんあります。学校の先生は多忙で、現状ではそうした余裕はないかもしれません。スクールソーシャルワーカーの配置や実践など、大いに検討をしていきたいと思います。

高校中退させない努力を

困難家庭では、高校中退というケースが少なくありません。その後の就職もむずかしいし、一度仕事に就いてもすぐに辞めて転々とする人もいます。学び直しへの支援とともに、困難な子どもを排除するのではなく、中退させない支援策が必要ではないでしょうか。たとえば、女子生徒が妊娠したら、高校を中退させられることがほとんどです。しかし、それでいいのでしょうか。子どもを抱え、中卒で、どうやって自立して生活していくのでしょう。高校はそういう困難家庭、困難を抱えた子どもを排除するのではなく、どのように教育を保障するかを考えることで、子どもの貧困対策をおこなっていくべきだと思います。

自治体、NPO、ボランティアから学んで

最後に、自治体の努力、NPO法人やボランティアの努力から、国は何を学ぶのかという問題です。

現場では、行政が直接関わると少し厄介になっていく、ということもあるかと思います。たとえば、最近各地で始まっている「子ども食堂」も、全面的に行政がやると、対象を誰にするのか、所得の申告をなど、制度が複雑になりがちです。誰もがふらっと訪れ、利用できる、そしてそれが貧困家庭の子どもを支援することになる、というとりくみがたくさんあります。行政が貧困対策の骨格をしっかりつくりつつ、民間だからできる柔軟性を尊重する、そして、連携によって施策を発展

させることが大事だと思います。
そのためにも、国も自治体も、ボランティアやＮＰＯまかせではなく、子どもの貧困対策は最優先課題であるという、しっかりした位置づけをもち、子どもに関わる施策や予算を見直すことが必要です。「子どもに貧困の自己責任を負わせてはならない」、この立場を貫いて、私も市民の皆さんと力を合わせてがんばります。

（二〇一六年五月十五日、日本共産党山添拓事務所・同国会議員団東京事務所主催「シンポジウム　格差・貧困社会と子育て」での報告より）

「子どもの貧困」をなくし、安心して子育てできる社会をめざす三つの改革

日本共産党参議院議員　山添　拓

満足な食事をとることができない子どもたち。家庭に居場所をもてない子どもたち。お金がなく修学旅行や部活をあきらめる生徒。二〇一六年の春は「保育園落ちたの私だ」の怒りの声が全国にひろがりました。

東京の実態も深刻です。また、若者の多くが過酷な非正規労働のもとで苦しめられています。そのおおもとには、雇用も福祉も社会保障も破壊する冷たい政治があります。政治の責任で、「格差と貧困」社会を転換し、貧困の連鎖をたちきることが、いま、求められています。憲法の精神を生かし、すべての子どもが人として大切にされる社会をつくるために、ご一緒に力をあわせましょう。

私は、三つの改革を提案します。

一、税金の使い方を変える～子どもたちの現在と未来にもっと税を～

アベノミクスのもとで貧困と格差が拡大し、子どもの貧困率は過去最悪の一六・三％（二〇一二

年）に達し、六人に一人が貧困ラインを下まわる生活を強いられる社会になっています。とりわけ「一人親家庭」の子どもの貧困率は五四・六％とＯＥＣＤ加盟国中、最悪という深刻さです。また、所得の再分配による貧困の改善も機能していません。これは、国が、国民の「健康で文化的な最低限度の生活を営む権利（憲法第二十五条）」を保障するための責任を果たしてこなかったからではないでしょうか。

軍事費に毎年五兆円もつぎこむ一方で、社会保障は五千億円も削減。保育所への税金の支出も、教育への支出も異常に低く、この税金の使い方が、「格差と貧困」社会という事態を招いています。

憲法第二十五条
すべて国民は、健康で文化的な最低限度の生活を営む権利を有する。
２　国は、すべての生活部面について、社会福祉、社会保障及び公衆衛生の向上及び増進に努めなければならない。

☆「貧困の連鎖」をたちきるために

- 深刻さを増す子どもの貧困の実態調査を国と自治体と協力しておこなうなど、国や自治体によるアウトリーチを促進します。

・一人親家庭の「命綱」＝児童扶養手当を、「収入激減援助」としてでなく、一人親家庭を支えることができるように大幅に増額し、対象年齢を拡大するなど改善します。
・すべての子どもを対象とした児童手当を、第一子から大幅に引き上げるなど実態に見合った水準まで引き上げるとともに、所得制限を大幅に緩和します。
・就学援助への国庫補助金を拡充し、制服代、学用品代、修学旅行費の保護者負担軽減をはじめ、すべての中学校での学校給食、小中学校の給食費無償化を実現します。
・義務教育の父母負担をなくします。

☆健やかな子どもたちの成長のために

・児童相談所の職員やスクールカウンセラー・スクールソーシャルワーカーなどの増強をはかるとともに、職員の研修の拡充などによって専門家を育て、行政の、すばやくゆきとどいた対応を実現します。
・子ども医療費の十八歳までの無料化、出産の経済的負担の軽減、妊婦健診、妊婦に対するカウンセリングの無料化、不妊治療の助成、予防接種の公費負担を拡充します。
・生活保護基準を切り下げるあらゆる改悪に反対し、「ナショナル・ミニマム」にふさわしい水準への改善・向上をめざします。「水際作戦」や親族による扶養の前提など、憲法にもとづく生活保護の申請権・受給権の違法な剥奪をやめさせます。
・健康保険無保険者をなくすとともに、国民健康保険への国庫負担金を大幅に増やし、保険料の軽減につとめます。短期保険証・資格証明書の発行をやめさせます。

•生活困窮者のためのサポート体制の拡充、低所得者のための公営住宅の新規建設や子育て世帯への家賃補助などの生活支援をすすめます。

☆子育ては社会の責任で

•「保育園落ちた」――待機児の解消は、認可保育所と公立保育所を増やすことを基本にし、国有地や都有地の無償提供や土地取得のための国庫補助制度の緊急創設、国が廃止した公立保育所への補助の復活など、国と自治体を解決の先頭にたたせます。

•保育の基準の切り下げや詰め込み保育をやめさせ、保育士の賃上げと待遇改善などによる保育士の確保など、安心して預けられる保育環境の実現に全力をつくします。

•学童保育を拡充するとともに大規模学童保育所の分割など、放課後の子どもの生活の場としての環境整備をすすめます。

☆だれもが等しく教育を受ける権利を保障するために

•国際人権規約を生かした大学、高校、専門学校の「学費無償化プログラム」をつくるとともに、当面、大学、高校などの学費の引き下げ・半額化、給付型奨学金制度の創設、私学助成の充実、義務教育での三十人学級の実現など教育の機会均等の保障と条件整備をすすめます。

☆子どもの貧困対策の抜本的拡充を

・子ども・家庭分野への社会支出の対GDP比率（現在一・二％）を、当面、EUの平均支出割合である二％まで増やします。実効性に乏しい「子どもの貧困対策に関する大綱」を抜本的に改定し、子どもの貧困対策の予算を抜本的に拡充します。

二、働き方を変える〜家族との時間を大切にできる働き方を実現しよう〜

国と経済界による雇用破壊政策のもとで、労働者の平均賃金は一九九七年のピーク時から年間約七十万円も減らされ、労働者の三人に一人、若者や女性の二人に一人が非正規労働で働かされ、そのほとんどが年収二百万円以下の「ワーキングプア」（働く貧困）の状態におかれています。いま、国際社会はディーセント・ワーク（人間らしい労働）の実現を各国政府に呼びかけています。この立場にたって、賃上げと長時間労働の是正を実現し、子どもとの時間を大切にしながら、子育てできる収入も得られる社会をつくります。

☆安心して子育てできる賃金と労働条件を

・最低賃金は全国一律とし、いますぐ時給一〇〇〇円以上に引き上げ、一五〇〇〇円をめざします。そのために中小企業の社会保険料負担の減免など、本格的支援を行います。

・残業時間の上限を法律で年間三百六十時間に制限し、過労死を生み出す長時間過密労働をなくします。勤務と勤務の間には最低十一時間の休息を保障します。所得保障の拡充など男女ともに利用できる育児休業制度や生理休暇の完全取得を実現します。短時間勤務制度を拡充します。
●サービス残業をなくします。サービス残業を行わせた企業には未払い残業代を二倍払わせます。
●マタハラ・セクハラを根絶し、男女がともに、人間らしく生き、働ける均等な労働条件を確立します。専門家による相談窓口の拡充、ハラスメントをおこなった企業に国が助言・指導・勧告をおこない、したがわない企業は公表するなど行政指導を徹底します。
●出産や育児によって離職に追いこまれたり、復職にあたってキャリアや収入にハンディがつけられることをやめさせます。国の労働局の体制を強化し、企業への指導・監督を抜本的に拡充するとともに、身近なところで相談ができるよう支所を都内各地に設置します。
●有給の職業訓練制度や訓練貸付制度を創設し、訓練期間中の生活援助の拡充など、職業訓練制度を抜本的に拡充するなど、失業者の生活と職業訓練を保障し、安定した仕事、公的仕事への道をひらきます。

☆雇用大破壊を許さず、人間らしく働ける「ルール」を確立します。
●「派遣労働者保護法」をつくり、違法な「派遣切り」をなくすため、労働者派遣法を抜本的に改正して派遣労働を一時的・臨時的なものに厳しく制限します。正規と非正規の均等待遇を実現します。
●「ブラック企業規制法」（長時間労働の是正、労働条件などの情報公開、パワハラ防止の三本柱）を制定し、ブラック企業をなくします。

・「解雇規制・雇用人権法」の実現で、労働者の人権をまもり、非正規雇用から正規雇用の流れをつくるヨーロッパ並みの労働契約のルールの確立をめざします。

☆自分の力で仕事をしたい、自分で職場をつくりたいという人のために、創業や開業の支援、エンジェル制度（仕事の起ちあげを支援するための資金援助のシステム）の確立にとりくみます。

三、社会を変える～どの子も健やかに成長する社会をめざして～

いま、子どもたちは異常な競争社会、経済優先社会のもとにおかれ、健やかな成長と発達が阻害されようとしています。また、子どもたちの成長を願う親たちも雇用破壊、「格差と貧困」社会のもとでもがき苦しんでいます。世界で有数の経済力を有しながら、格差の拡大と貧困の増大がこれほどまでに激しさをましている国は、先進国のなかではほかに見当たりません。

それは、一部の大企業と富裕層が富の大半を占め、国が市場原理優先の立場から社会保障や教育の施策を後退させ、もっぱら、国民の生活の苦しさの原因を「自己責任」に押しつけていることに原因があります。〝貧しいのは自分のせい〟〝賃金が低いのは自分のはたらきのせい〟などと自分を責める必要はありません。日本国憲法は、すべての国民が「健康で文化的な最低限度の生活を営む権利」を保障し、国にその実現のための責務を定めています。また、この憲法を実現するために制定された児童憲章（一九五一年）は、「児童は、人として尊ばれる。児童は、社会の一員として重んぜられる。児童は、よい環境の中で育てられる。」と高らかに宣言しています。

☆日本国憲法と児童憲章、国連・児童権利宣言がすみずみにまでゆきとどく社会をめざします。

☆社会的排除をなくして社会的連帯を育み、だれもが社会の一員として活躍できる社会をめざします。

☆「子どもSOSホットライン」の設置を提案します。子どものSOSを発見し、支援につなげるネットワーク（学校、保育所、幼稚園、児童相談所、医療機関、保健所、地域包括支援センター、子育てNPOなど）づくりをすすめます。

☆居場所、子ども食堂、学習支援などにとりくむ団体を応援します。子どもをささえるネットワークや運動と連携して、共同のとりくみをすすめます。

☆みんなが手を結んで、子どもたちを支えあう社会をつくりましょう。未来を託す子どもたち・青少年のために、このゆがんだ社会を変えていきましょう。

いま、安保法制（戦争法）を廃止し、立憲主義と民主主義を守ろうという国民的運動がひろがり、国会でも野党の共同がおおきく前進しています。また、保育士や介護士の処遇改善、児童扶養手当の拡充、長時間労働の規制について、野党は共同して法案提出もおこないました。こうしたとりくみと連携して、「子どもの貧困」の根絶とゆきとどいた保育、どの子も健やかに成長できる社会づくりをすすめていきます。

（二〇一六年五月十五日、日本共産党山添拓事務所・同国会議員団東京事務所主催「シンポジウム　格差・貧困社会と子育て」での発言より）

［第二章］各地・各分野から

躍進した議席の力と都民要求を結んで

日本共産党東京都議団幹事長　大山　とも子

都議会でのとりくみ

躍進をうけて議会でも

子どもの医療費無料化をはじめ、子どもの貧困対策についての論戦や提案を私たちは数多くおこなってきましたが、日本共産党都議団として、「子どもの貧困対策」という切り口で都議会本会議の場で質問をおこなったのは、十七議席に躍進した翌年、二〇一四年第三回定例会の代表質問が最初でした（九月二十四日、畔上《あぜがみ》三和子都議）。

このときは、子どもの貧困の現状への認識について、福祉保健局長が、「貧困は、子どもたちの生活や成長にさまざまな影響を及ぼすため、子どもの将来がその生まれ育った環境によって左右されることのないよう、また、貧困が世代を超えて連鎖することのないよう、福祉、教育、就労といった面から必要な環境整備を図っていくことが重要であると認識している」と答弁しました。一般的認識とはいえ、前向きの答弁を引き出したことは重要でした。

また、子どもの貧困をなくすための総合対策と数値目標をはっきり掲げた、子どもの貧困対策推進法（二〇一三年）の施行を受け、子どもの貧困対策計画を都として策定するよう求めました。しかし、これにたいして福祉保健局長は、次世代育成支援行動計画、ひとり親家庭自立支援計画、子ども・子育て支援事業支援計画、子供・若者計画など個別の計画に施策を盛り込めばよい、との姿勢を表明しました。この立場はいまも変わっていません。

日本共産党都議団は、二〇一五年度東京都予算編成に対する要望（二〇一四年十二月二十四日提出）のなかで、「子どもの貧困対策の推進」を柱のひとつとして位置づけ、「子どもの貧困対策推進計画」の策定、子どもの貧困の実態調査、関係局による推進対策、無料塾などへの支援をはじめ六項目を盛り込みました。

知事が初めて言及

舛添知事（当時）が「子どもの貧困対策」について答弁したのは、二〇一五年第一回定例会・予算特別委員会の私の代表総括質疑でした（三月十二日）。

「知事は、子どもの貧困対策の重要性をどう認識していますか」という私の質問にたいして知事が答弁に立ち、「セーフティネットの構築は、まずは、国家の責任だ」と言いつつ、「子どもの貧困の原因は親の貧困」、「貧困の連鎖を断ち切るためには、労働の分野でも、教育の分野でも、私は機会の平等を保障することが必要だと考えている」との認識を表明しました。子どもの貧困対策の重要性について、知事の答弁を引き出したことは重要な前進でした。

つづく二〇一五年第二回定例会の一般質問（六月十七日）では、和泉なおみ都議が、教育格差の是正、子どもの学習支援、ひとり親家庭への就労支援や住宅対策などについて具体的に質問するとともに、関係者や研究者をふくめた検討会の設置、都としての推進体制の整備などを求めました。

二〇一六年度予算で重要な変化

こうしたなか、舛添知事は、二〇一六年度予算発表の記者会見（二〇一六年一月十五日）で、「日本社会で格差が拡大しているということを危機的な状況だと思っております。特に子どもの貧困です。貧困の連鎖を断ち切らないといけません。子どもに対して学習、生活、経済面など、切れ目なく支援を実施していかなければなりません」「六人に一人が貧困というのは、これが先進国日本の姿ですか、と思っていますから、東京が中心になって、国に先行してこの問題にきちっと答えを出していく、そして解決していく」と述べました。

私たちは、知事のこの発言を大いに重視して、二〇一六年の第一回定例会（予算議会）にのぞみました。

庁内各局で構成する「子供・子育て推進本部」に「子供の貧困対策推進連携部会」を新たに設置するとともに、首都大学東京（旧都立大学）に設置された「子ども・若者貧困研究センター」（センター長・阿部彩教授）と連携して調査研究などをおこなう「首都大学東京と連携した子供の貧困対策の推進」（五千万円）、子どもへの食事の提供や学習支援などをおこなう居場所創設への支援（四カ所、八千四百万円）などが二〇一六年度予算に盛り込まれたことは、重要な前進でした。二〇一六年度予算ではじめて「子どもの貧困対策」が位置づけられたのです。

しかし、まだようやく第一歩を踏み出したにすぎません。党都議団は、二〇一六年第一回定例会（二月十七日～三月二十五日）をとおして、子どもの貧困対策のさらなる前進に向けた論戦を、重要課題として位置づけてとりくみました。

経済的支援の拡充を提案

貧困対策のために重要な課題はたくさんありますが、なかでも直接的な経済的支援は重要な柱です。ところが国も東京都も、この経済的支援がきわめて不十分です。

とりわけ東京都では、「何がぜいたくかと言えば、まず福祉」だと言った石原慎太郎氏が知事のときに、徹底した福祉切り捨てがおこなわれ、その最大の標的にされたのが、福祉手当や医療費助成などの「経済給付的事業」でした。

「経済給付的事業」すなわち経済的支援事業を、もっぱら切り捨て・切り下げの対象とする姿勢から、東京都はいまだに抜け出せずにいます。これが都民福祉向上の重大な障害となっており、子どもの貧困対策を進めるうえでも、どうしても打開する必要があります。

私たちが経済的支援の拡充を求めると、都は決まって経済的支援を所得保障と勝手にすりかえて、所得保障は第一義的に国の責任だという答弁を、木で鼻をくくったように繰り返してきました。

二〇一六年第一回定例会・予算特別委員会の代表総括質疑（三月七日）で私は、この問題を重視しました。

「子どもの貧困の中でも、とりわけ深刻なひとり親への支援についてです。知事、ひとり親家庭への経済的支援についての重要性をどう認識していますか」。私の質問に、舛添知事は、つぎのように答えました。

「ひとり親家庭の親は、子育てと生計の担い手と、この二つの役割を一人で担うために、大変負担が大きゅうございます。世帯収入も、両親がいる世帯と比較しますと、低い傾向にあると思います。こうした生活実態を踏まえまして、都は昨年三月に、東京都ひとり親家庭自立支援計画を改定いたしまして、相談体制の整備、就業支援、子育て支援や生活の場の整備、経済的支援を柱に、ひとり親家庭の支援に取り組んでいるところでございます」

東京都ひとり親家庭自立支援計画は、教育支援、生活支援、就労支援とともに経済的支援を、施策の「四つの柱」のひとつに位置づけており、さすがに否定的答弁ができなかったのです。少なくともひとり親家庭への支援で、経済的支援が柱のひとつであることを、知事の答弁で認めさせたことは、今後につながるものです。

ひとり親家庭の親への経済的支援も重要性は認めたのですから、次に問われるのは、経済支援の中身が、それにふさわしいものになっているのかどうかです。

ところが、都が区市町村を通じて、ひとり親家庭に支給している児童育成手当（一九六九年、美濃部革新都政の下で創設）は、月額一万三千五百円のまま二十年間もすえおかれたままです。

私は、児童育成手当の増額を求めるとともに、子どもの貧困対策推進法の第十三条で「国及び地方公共団体は、各種の手当等の支給、貸付金の貸付けその他の貧困の状況にある子どもに対する経済的支援のために必要な施策を講ずるものとする」と明記されていることへの知事の受け止めを質しました。すると知事は、「東京の子どもだけが貧困から脱して、ほかの地域は貧困のままでいいなんていうことは私は思いません」という驚くべき答弁をしました。同時に、またもや「負担の問題、どういう社会保障制度を構築するか、それは国がやる。つまり国権の最高機関で決めること」だという、すりかえ答弁をしました。子どもの貧困対策推進法の第十三条が、まったく理解されていないのです。

さらに知事は、「（経済的支援をやっていないというが）児童育成手当の支給をやったり、児童扶養手当の支給をやったり、ひとり親家庭高等職業訓練促進等の資金の貸付事業をやったり、さまざまやっています」という答弁をつけ加えました。知事が完全に弁解にまわりました。二〇一六年七月に小池百合子氏が都知事となりましたが、これは、今後の論戦のなかで、さらに知事の認識を質していかなければならない重要なポイントだと思います。

子どもの医療費助成の拡充を

東京都の子どもの医療費助成制度は、乳幼児医療費助成と、小中学生対象の義務教育就学児医療費助成の二本立てです。私は、予算特別委員会の代表総括質疑で、これを十八歳、高校卒業年齢まで拡充することを求めました。

「高校生をもつ世帯は、教育費や部活などの費用を初め家計の負担が大きくなる世帯です。低所得層にとっては、中学生まではあった就学援助もなくなり、家計の負担が一気にふえるときです。子育て世帯の負担軽減、子どもの貧困対策からいっても、重要な施策となります。また、すでにおこなっている自治体では、病状が重くなる前に病院に行ってもらえるので、医療費の抑制にもなっているとの報告もあります」とのべ、仮に現在の義務教育就学児医療費助成と同様に、十八歳まで拡大した場合の所要額の推計を示すよう求めました。これにたいし、福祉保健局長は、「厚生労働省が算出いたしました平成二十五年度の十五歳から十九歳の一人当たり医療費をもとに、平成二十七年一月の都内の十六歳から十八歳の人口で推計いたしますと、義務教育就学児医療費助成制度の対象を十八歳まで拡大した場合の所要額は、約六十四億円と見込まれます」と答弁しました。

義務教育就学児医療費助成は、外来診療については一回あたり二百円の自己負担があるなど課題がありますが、それにしても、現行の制度を十八歳まで拡大した場合の所要額は約六十四億円で足りるという推計額が、東京都からはじめて示されたことは、財源問題を論じる際の貴重な足がかりとなります。

都として大学生への給付制奨学金を

二〇一六年第一回定例会の代表質問（二月二十三日）で白石民夫都議は、つぎのように質問しました。

「教育費の負担軽減も重要です。日本政策金融公庫の昨年二月発表の調査では、年収四百万円未満の世帯では、教育費負担が年収の四割に達しています。あまりにも重い負担だと思いませんか。小中学校の就学援助や高校生の授業料軽減などが実施されてはいますが、これだけでは不十分だということは明らかです。フランスでは、さまざまな制度が違うとはいえ、公教育の無償が幼稚園から大学等高等教育機関にまで貫かれ、教育のための支出の約九割は、公的財政によってまかなわれています。日本で実現できないはずがありません。知事は、予算発表の記者会見で、貧困の連鎖を断ち切るために、『学習、生活、経済面など、切れ目なく支援を実施』していかなければならないと表明しました。そのためにも、義務教育から高校、大学まで、教育にかかる経済的負担の軽減に取り組むことが重要ではありませんか」

それにたいして舛添知事は、「次の時代を担う子どもたちの教育と、その機会の平等の確保は極めて重要でありまして、親の経済的状況によって子どもが教育を受ける機会を失うことがあってはならないと考えております」と、きわめて明快で、重要な答弁をおこないました。

ところが、ひとり親家庭への経済的支援の重要性と同様、一般的認識では前向きの答弁をするのに、具体的施策になると、とたんに腰が引けるのです。

白石都議が、大学生への奨学金制度を長野県と沖縄県が実施しており、都内でも足立区が実施することになったことをあげ、「知事は、子どもの貧困率が上がっていることに危機感をもたなければならないとして、『国に先行してこの問題に答えを出していく』と言いました。だとしたら、東京で、給付制の奨学金の創設など、学生への支援を始めるべきです」と追及すると、知事はつぎのように答弁しました。「大学は全国から学生が集まる場でありまして、大学生の教育費負担の問題は国全体の教育政策の中で議論されるべきことであります」。まてまた、国の責任だという話です。

さらに知事は、答弁をつづけました。

「私は中学校のときに父親を亡くしたものですから、それ以降、母子家庭で、高校も大学も、働いたり、私は育英会から奨学金をもらって終えました。しかし、単なる給付制に実は反対なんです。なぜならば、きちんと育英会から私はお借りした。私がしっかりと戻さないと、次の人たち、次の世代が借りる原資がなくなるわけですよ。しかも五十年前ですから、今よりはるかに貧しい時代であっても、返していくと。そのために一生懸命勉強して、いい成績をとって、きちんと仕事、就職して返していく。それが誇りであって、やったわけですよ」「仮にただもらって、それでいいということにすれば、モラルハザードが起こる可能性があるんです」「私は実際ここにいるんですから、私はちゃんと戻すということで頑張ったから今の都知事の舛添要一はここにあると思っております」

この答弁は、知事のまったくのアドリブでした。思わず本音が出てしまったのです。

私はこの知事答弁を念頭に、代表質問をうけた予算特別委員会代表総括質疑で、つぎのように知事に質しました。

「学生支援機構の奨学金は、今や大学生の四割が借り、しかも有利子の奨学金が七割を占めています。卒業と同時に平均三百万円、多い場合は一千万円以上の借金を背負うことになります。全労働者の四割が非正規雇用という状況で、学歴に関係なく低賃金が拡大しています。そんななか、学生支援機構の有利子の奨学金は、返済が大きな負担になっています。知事はどう認識されていますか」

これについても知事は、「国の責任で制度設計されるべき」と答弁しました。

さらに私は、五十年前と現在の国立大学の初年度納付金と大卒初任給の比較を示しました（図2―1）。

図2−1　国立大学初年度納付金の推移

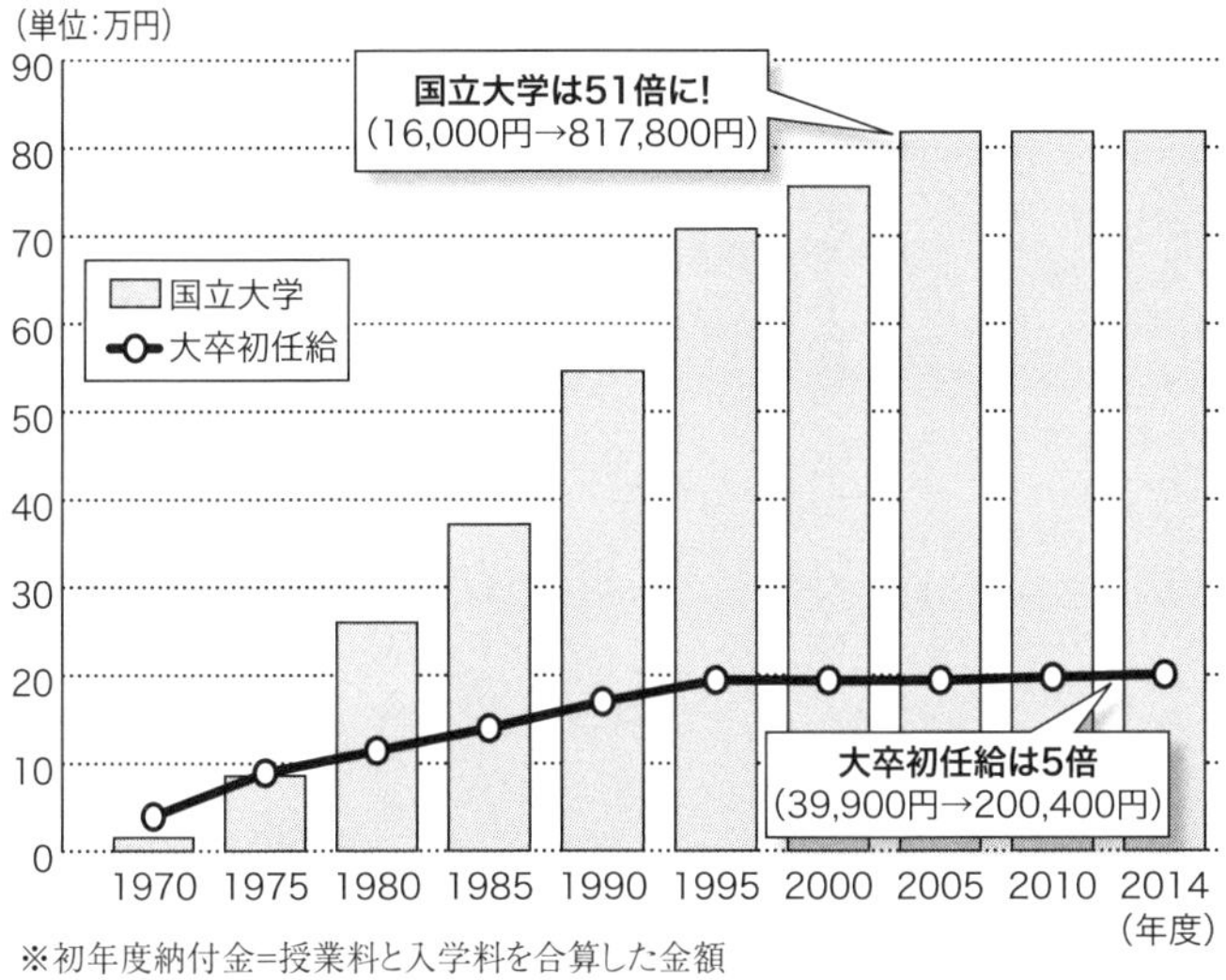

※初年度納付金=授業料と入学料を合算した金額
※大卒初任給は、1997年まで男性のみ。1998年より男女の平均
出所）文部科学省、厚生労働省のデータをもとに日本共産党都議団が作成

「知事が東大に入学された五十年前の国立大学の初年度納付金は一万六千円、現在は八十一万七千八百円です。なんと五十一倍にな

っています。一方、大卒の初任給は五倍にしかなっていません。私立大学だったら、初年度納付金は平均でも百三十万円です。四年間の学費は四百万円です」と、かつてと比べても格段に厳しい学生たちの状況を示しました。

知事はさすがに、「これだけ国立大学の初年度納付金が高くなっているというのは、私もずっと認識はしております」と答弁せざるをえませんでした。が、やはりつぎの一言が、ついてきました。

「国立大学の学費については、国立大学ですから国がやるべきであって、国権の最高機関である国会できちんと議論をしていただきたいというふうに思っております。そういう観点から、まず、国会でしっかりと改善すべきは改善する、国が方針を出していただく。われわれはそれに従いたいと思っています」

二〇一六年度予算案発表の記者会見で、知事は、先に紹介したような「東京が中心になって、国に先行してこの問題にきちっと答えを出していく、そして解決していく」と力づよく述べたことを忘れてしまったかのようです。

生活保護世帯への支援等では前進も

論戦をとおして、教育費の負担軽減について、貴重な成果もありました。

東京都は、高校・大学受験のための塾代と受験料を貸与して、合格すれば返済を免除する「受験生チャレンジ支援貸付制度」を実施しています。昨年度は、九九・六%の子どもたちが、返済免除されました。しかし、この受験生チャレンジ支援貸付を借りるためには連帯保証人が必要とされているため、お願いできる人がいなくて二の足を踏むケースもありました。私は、具体的実例を示しながら、連帯保証人をなくすよう求めました。福祉保健局長は、「来年度（二〇一六年度）からは、連帯保証人の確保が困難な場合は、子供を連帯借り受け人とすることで連帯保証人を不要とするよう、既に制度を改正することとしておりまして、現在手続を進めております」と答弁し、重要な前進をかちとりました。

さらに、受験生チャレンジ支援貸付は、生活保護世帯は借りることができませんが、生活保護世帯の小学四年生から中学三年生までを対象に、学習塾の費用助成等をおこなう区市を支援する都の補助制度があります。この補助制度を高校生にもひろげるよう求めたことに対して、区市が申し出れば、「補助対象とすることが可能」との答弁がありました。区市の議員団と連携して、大いに活用していくことが必要です。

首都大学東京の授業料減免制度への財政支援

大学生への給付制奨学金については、二〇一四年第三回定例会の米倉春奈都議の一般質問（九月二十五日）でも取り上げました。このとき、あわせて公立大学法人首都大学東京の授業料減免制度の改善を提案し、二〇一五年八月には「首都大学東京の学生への経済的支援の強化を求める申し入れ」を舛添知事宛てにおこないました。

首都大学東京は、授業料減免制度をより多くの学生が利用できるよう、二〇一五年度から収入基準を改善し、これまで収入とみなしてきた貸与制奨学金を外しました。しかし同年度前期には三十九人が、全額免除の基準を満たしていたにもかかわらず予算の不足により半額免除となりました。日本共産党都議団は、基準を満たしながら免除を受けられない学生が生まれることがないようにするため、都として子どもの貧困を解決し、高等教育を受ける機会を保障する立場から、授業料減免制度を含めた首都大学東京の努力に、財政的支援をおこなうよう求めました。そして二〇一六年度予算では、基準を満たした学生は全員が全額免除を受けられるよう、首都大学東京への財政支援が増額されました。

子どもの貧困対策の前進へ、引き続き全力

公益財団法人あすのば・子どもの貧困対策センターが、二〇一五年十二月に発表した調査結果によれば、子どもの貧困対策計画を策定しておらず、今後も策定予定がない都道府県は、全国で東京都だけとなっています。ここに、東京都の姿勢が、鮮明に示されています。

新たに就任した小池百合子知事は「給付型奨学金を拡充」と公約していましたが、今のところ具体的には発言していません。高校生の給付制奨学金の拡充や大学生への給付制奨学金の創設など、公約を実現するよう求めていきます。また、ひとり親家庭への児童育成手当ての増額をはじめとした経済的支援の拡充、子どもの医療費助成の十八歳までの拡充など、子どもの貧困対策の前進に向

け、全力をつくしていきます。

「貧困大国」脱却かかげ、地域で共同広げる

日本共産党愛知県委員会自治体部長　林　信敏

「アベノミクスの優等生」の実態

安倍政権の経済政策「アベノミクス」のもとで、「貧困と格差」の広がりが社会問題になり、貧困脱却と格差是正は政治課題になっています。

日本共産党愛知県委員会は二〇一六年三月二十六日、名古屋市内で、「脱『貧困大国』――国会報告と活動交流のつどい」を開きました。この「つどい」は、県民の全世代にわたる貧困の実態の告発とともに、そこからの脱却をめざす日本共産党の国会活動と市民の運動を交流し、問題解決への県民的共同を広げることを目的としています。

「つどい」では、日本共産党の本村伸子衆院議員（比例東海）が「貧困と格差」の現状をデータで浮き彫りにし、「貧困大国」脱却を政策目標に据えることを主張する日本共産党国会議員団の論戦を報告しました。

富を大企業と富裕層に集中させるアベノミクスのもと、大企業の内部留保は三百兆円を超え、県内に本社のあるトヨタ自動車の内部留保額は大企業中のトップで十八兆円を超えています。世界有数の経済誌『フォーブス』二〇一五年七月号の「日本の長者番付トップ50」によると、富裕層上位四十人の資産総額は二〇一二年の七・二兆円から一五年には一五・九兆円と、二・二倍に急増しています。

他方、庶民の家計はどうか。正規雇用は減り、非正規雇用が増えています。消費税増税と社会保険料の負担増のもと、実質賃金は低下し、家計の可処分所得は三十年前の水準に戻っています。「子ども・女性の貧困」「ブラックバイト」「絶望の非正規」「老後破産」など、全世代に生活苦と貧困が広がり、日本は「貧困大国」と呼ばれる状況になっています。アベノミクスの転換は急務です。

本村議員は、「貧困と格差をただし、暮らし最優先で日本経済再生をはかる日本共産党の四つの提案」を紹介。消費税一〇％増税の中止、社会保障の削減から充実への転換、人間らしい雇用ルールの確立、ＴＰＰ（環太平洋連携協定）交渉からの撤退・日本の経済主権の回復のとりくみを呼びかけました。

さらに、野党が共同で、福祉・介護職員や保育士の処遇改善・賃上げの法案を衆議院に共同提出したことを報告。野党共闘の一致点が広がっていることを強調しました。「つどい」の会場から、共感と賛同の声があがりました。

県民は黙っていない

「アベノミクスの優等生」といわれる愛知。大村秀章知事の愛知県政は、「リニア・ジェット・FCV（燃料電池車）」支援、すなわち安倍政権が成長戦略の柱に位置づけるJR東海のリニア中央新幹線建設、三菱重工の新型ジェット機生産、トヨタ自動車などの燃料電池車普及という、大企業のプロジェクト支援を県政の最重要課題にすえ、それらへの集中投資をおこなっています。

大企業が成長すれば、賃金が上がり、家計がうるおい、地方自治体の税収が増え、福祉充実につながるという「トリクル・ダウン」の理屈です。

しかし、県民生活の実態はどうか。ダブルワーク・トリプルワークで家計をささえるシングルマザー、食事らしい食事は学校給食だけという児童、作業現場と勤務時間が一定せずに車中泊する非正規労働者、税や社会保険料の滞納増加、医療機関を受診せずに市販薬で痛みを抑える人たち、年金削減で一日一食・週一回の入浴に抑える高齢者、単価切り下げに苦しむトヨタ関連の下請け……。「トリクル・ダウン」は、大企業と富裕層に富を集中させるための欺瞞宣伝にすぎません。

しかし、県民は黙っていません。今回の「つどい」では、子ども食堂や無料塾のとりくみ、児童虐待防止、ブラックバイト規制と奨学金改革、若年労働者の最低生計費調査と最低賃金引き上げ、中小業者の苦境と消費税増税阻止のたたかい、生活保護の改悪阻止と活用、医療・介護の危機打開、高齢者の年金削減反対訴訟などの活動が報告されました。本稿では、「子どもの貧困」問題を中心に、県内のとりくみを紹介します。

子ども食堂、無料塾などのとりくみ

子ども食堂で「居場所づくり」

名古屋市北区では、「子どもたちの居場所づくり」として民間団体の共同プロジェクト「わいわい子ども食堂」がおこなわれています。これまでに五回開催され、子ども百二十六人、大人百十二人が利用しました。開催時間は午後五時から七時、料金は子ども二百円、大人三百円。四月六日の献立は、おにぎり、いなりずし、サラダ、ウインナーソテー、果物でした。絵本の読み聞かせ、折り紙、勉強支援もおこなっています。月一回から二回の実施と子どもの食事無料化をめざしています。

同市千種《ちくさ》区の「ちくさこども食堂」は、民主商工会役員のイタリアンレストランを会場に、二〇一五年十二月から月一回開催しています。子どもは無料、大人は三百円。初回の献立は、カレーライスと芋煮。「カウンター席に十人の子どもたちが並ぶ満員御礼。みんなで食べるとおいしいと好評でした」と、ボランティアの運営スタッフは語っていました。

学習援助の無料塾

所得格差が教育格差をもたらしています。県内で、生活困窮家庭の児童生徒の学習を援助する「無料塾」のとりくみが広がっています。

名古屋市熱田《あつた》区のＮＰＯ法人「ポトスの部屋」は、無料塾「学び場」をおこなっています。二〇一一年二月、リーマンショックで廃業した鉄工所の事務所に「ポトスの部屋」を開設しました。愛知の若年無業者は、三万三千五百人（二〇〇七年）にのぼっています。主宰者は開設の動機を、「不登校や引きこもりの子ども、若者の居場所づくりでした。学校を出ても社会に出られない状況をどうにかしたかった」と語っています。

「ポトスの部屋」と医療生協の診療所で、無料塾「学び場」がおこなわれています。個別面談で、子どもの低学力の背景に親の貧困、長時間過重労働があることが浮き彫りなりました。退職教員や社会福祉士、不登校や引きこもりの子を持った経験のある親たちが運営スタッフをつとめ、自学自習の習慣と劣等感の克服に力点をおいています。

今回の「つどい」では、元中学高校数学教師の吉原経夫《つねお》さん（日本共産党大治《おおはる》町議）が、名古屋市のベッドタウンとして子ども人口の多い大治町での無料塾の経験を報告しました。学習支援スタッフは元小学校教員と吉原さん。開設は夏休み二回、冬休み一回。小学校区にあるコミュニティセンターを会場に、休みの課題や学校のドリル（問題集）のとりくみへの援助です。別に、大治町教育委員会が二〇一四年から月二回、中学三年生を対象に学習支援（スクールサポートクラブ）を公民館でおこなっています。

児童虐待の背景に貧困

愛知県内に十二カ所ある児童相談所が受けた二〇一四年度の相談件数は、一万五千件を超えて過去最高です。うち虐待相談は三千百八十八件。前年度より八百四十四件も増え、五年連続で過去最高を更新しています。

「つどい」で児童相談所のとりくみを報告した元職員は、「急増する児童虐待の背景に親の経済的貧困がある」と指摘しました。

名古屋市が二〇〇六年におこなった児童虐待実態調査によると、低所得層に虐待事例が多く、親の就労状態は非正規四七・三％、正規二二・六％、相談者の七一・八％が経済的不安を訴えています。

元児相（児童相談所）職員は、今後の課題として親の労働環境の改善、妊娠・出産時からの切れ目のない子育て支援の充実、子どもの貧困対策法や愛知県子どもを虐待から守る条例の活用を指摘し、国や地方自治体の虐待統計に世帯状況や経済状況を入れるべきだと述べました。

ブラックバイト根絶へ

高学費と家庭の経済的困難のもと、労働法制や勉学条件を無視する「ブラックバイト」が横行し、学生を苦しめています。

ブラックバイト対策弁護団の弁護士は、「違法な長時間労働をさせたり、契約内容と違った業務をさせたり、厳しいノルマを課したり、大学の試験期間でも休ませてくれないなどのブラックバイトが横行している。四十代まで奨学金の返済が続いている」と実態を語り、ブラックバイトの規制強化、学費の引き下げと、貸与制から給付制への奨学金制度の改革の必要性を強調しました。

愛知県労働組合総連合（愛労連）は二〇一五年秋、若年労働者の生活実態調査をおこない、自立して暮らせる「最低生計費」を試算しました。名古屋市内在住の二十五歳の労働者で１Ｋの賃貸アパート暮らしの場合、男女とも年収で二百七十万円、月額二十二万六千円、時給換算で千三百円超が必要であることが明らかになりました。

総務省の全国消費実態調査（二〇一四年）によると、単身の三十歳以下の四人に一人は、愛労連の最低生計費に及ばない年収二百五十万円未満。「この生活では結婚、子育てはとても無理」の悲鳴があがっています。

「つどい」で、最低賃金の引き上げは、ワーキングプア脱却、養育されている子どもの「貧困」解決のために必須の課題になっていることが浮き彫りになりました。

子どもの貧困対策法生かし実効性ある貧困対策を

二〇一三年六月、「子どもの貧困対策の推進に関する法律」（一四年一月施行）が全会一致で成立しました。同法は、第四条で地方公共団体の責務として、子どもの貧困対策について「当該地域の状況に応じた施策を策定し、及び実施する責務を有する」としています。

日本共産党議員（団）はこれまでも「住民福祉の増進は自治体の基本任務」との立場から、子ども医療費無料化の拡大、保育料の引き下げと認可保育園の新増設、就学援助や学童保育の拡充、学校給食費の負担軽減・無料化、ひとり親家庭への援助強化、地域の子育てサポート体制の整備を求めてきました。

いま、子どもの貧困対策法の実効ある具体化のために、それらの施策の拡充がいよいよ大事になっています。

日本共産党議員のとりくみ

名古屋市議会の党議員団は二〇一五年の十一月議会で、子どもの貧困対策法を活用し、「子どもの貧困」解決へ前進するため、就学援助の認定基準を生活保護基準の一・一倍から、かつての一・三倍に戻し対象者を広げること、子ども食堂や無料塾など「地域の子どもの居場所づくり」への行政援助を求めました。

これらをうけ名古屋市は二〇一六年度、生活保護受給世帯やひとり親家庭などの中学生を対象とする無料塾を現在の四十四カ所から六十八カ所、定員を五百二十人から八百十六人に拡大しました。

愛知県扶桑《ふそう》町の党議員は昨年の十二月議会で、子どもの貧困の実態を質しました。町当局は、住民税の課税データ調査をおこない、「十八歳未満の子どものいる家庭の平均所得の二分の一以下という世帯は一六・三％」と答弁しました。党議員は、私立高校生授業料助成の引き上げ、保育料や学校給食費の家計負担の軽減、児童館建設を求めました。

岡崎市の党議員団は、論戦で学校給食費の無料化を主張。二〇一六年度の新学期の四月分の小中学校の給食費が無料になりました。

愛知県議会の党議員団は、県が「第三子保育料無料化」に導入した所得制限の撤廃を求めました。

また、県としてのブラック企業対策を要求しました。「若者が使いつぶされてしまえば、社会的に大きな損失」との答弁を引き出し、労働法制の啓発リーフレットが五千部から一万部に増刷されました。

県民要求で自治体キャラバン

県内の社会保障関連団体や労働組合は、共同して毎年「愛知自治体キャラバン」にとりくんでいます。自治体を訪問し、介護・福祉・医療など社会保障の施策拡充を求める運動です。昨年十月には、各自治体にたいし、子どもの貧困対策法の具体化として、ひとり親家庭の支援強化、就学援助の対象拡大、学校給食の無償化、公的保育の拡充、児童虐待・いじめ防止などを要望しました。

参院選勝利で希望ある明日を

「貧困大国」脱却にむけ、党国会と県内の党地方議員（団）との連携、県民との共同がすすんでいます。今回の「つどい」で、日本共産党の武田良介参院議員（当時、参院比例予定候補）と、須山初美愛知県若者雇用対策部長（当時、選挙区予定候補）は、脱「貧困大国」にとりくむ決意を力強く表明しました。今夏の参院選での野党共闘の成功と日本共産党の躍進こそ、希望ある明日をつくる確かな力です。

ネットワークの力で子どもを救う

大阪市学校園教職員組合　執行委員長　宮城　登

貧困と教育を考える市民のつどい

○夏のプールの時期に「毎日風呂に入るように」と学校の先生に言われたが、家に風呂がなく、銭湯代が高く、一週間に一度しかいけない子どもがいじめにあった。
○虫歯でありながら治療にいけない、口腔崩壊（虫歯が十本以上）も多数。
○休みがちの中学生が弁当を万引きしていた。児童相談所に保護され面接にいくと、ふっくらした体格の子どもだった。
○派遣だが正社員がやっていた仕事をすべて受け継いだため残業も多く、子どもの世話が大変。派遣切りにあい、地域労連に入り、いまたたかっている。
○無料塾で子どもたちは「わかるとうれしい」と、いい顔をする。

「貧困大国」から子どもを守ろうと大阪市対策連絡会議（市対連。加盟団体は本稿末尾）は二〇一六年三月二十四日、「大阪市の子どもの貧困と教育を考える市民のつどい」をひらき、約百人が参加しました。大阪市各区で住民運動をすすめる「大阪市をよくする会」が後援しました。冒頭の文章は、そこで報告された実情の一部です。

開会あいさつで、市対連代表の井上賢二さんは、貧困子育て世代が二十年で二倍になったこと（「毎日」二月十八日付）、大阪は貧困率二一・八％で沖縄に次ぐ高さとなっていることなど、厳しい実態を報告しました。そして、大阪では国民健康保険料を二割の世帯が滞納していること。保険料を滞納し保険証を取り上げられた人への資格証明書の発行は三万世帯であること。完全失業率や非正規雇用の率も高く、生活保護受給率も全国一・七％にたいして大阪は三・四％であること。さらに、歯科保険医協会の検診結果調査によれば、要受診者の未受診率が小学校で五〇％、中学校では六七％、高校では八七％となり、口腔崩壊も多数となっていること……などの具体的な実態もしめして、高校生まで医療費を無料にする必要性を強調しました。

中学生がガールズバーの店長

つどいでの講演「『子どもの貧困』の取材から見えてきたもの」は、後藤泰良《たいら》朝日新聞大阪生活部記者がおこないました。「一枚の毛布を取り合った冬」の記事（二〇一五年十月十一日付）について、「十八歳から成人までの二年間は『福祉の空白』と言われる」なかで、男は犯罪、女は風俗といった、アンダーグラウンドな世界の供給源となっていることを指摘、十八歳の少年と十七歳の少女が偶然弁護士につながり、生活保護が受給できるようになった例も紹介しました。

「借金し短大進学　風俗頼った」の記事（十月十五日付）について、風俗店に二十数人大学生がいたこと、日本は学費が高く給付制の奨学金がないことを告発し、高等教育に他国並みにお金を出すべき、と厳しく指摘しました。「食育」だといって給食を食べさせるのなら、給食費は無償にする必要がある、とも提案しました。

さらに、上履きを買うお金がないからと、繁華街で一〜二回売春をした高校生、ガールズバーの店長をしている家出中の中学生、〝デリヘル〟で派遣され、十八歳未満でも「客」と二人で「相談ルーム」と称するマンションの一室に行かされているなどの深刻な事例も報告、大阪には他都市からもお金を求めて集まる子が絶えない、といいます。

この深刻な実態を打開していくために、学習支援や子ども食堂など、実際に子どもたちを助ける息の長い活動が大切であること、今後それらのとりくみを紙面で紹介していきたい、と結びました。

地域で子どもを守るとりくみ進む

冒頭でも紹介したように、「つどい」では、貧困の実態と市対連加盟団体の運動が報告されました。

港生活と健康を守る会の松田美由紀さんは、保護者の立場から教育費について発言しました。

中学校入学時は制服やカバンの購入で六万円を超える額が必要になりますが、生活保護の被服費は四万七千四百円、入学準備金としてはまったく足りません。クラブ活動の費用や夏の制服代も必要です。児童手当は、子どもも手当になっても増えないままです。子どもが大学進学の場合、学費と生活費はアルバイトと月十二万円の奨学金でまかないます。四年で五百七十六万円、利息を含め七百万円の借金を背負って卒業することになります。新社会人になるとき、自動車二台買えるような借金を背負って社会に出る、それがいまの日本の若者の現状なのです。

生活保護の基準が下がったために、就学援助でも、いままで認定されていた人が同じ所得でも認定されないケースが出ています。さらに、就学援助が学校徴収金のみの支給となったため、学用品費がなくなりノートも買えません。授業に必要な笛、絵の具セット、習字セットも保護者負担です。松田さんは、「教育に必要な教材は、公費でまかなってほしい。塾代助成(注)もいいが行政にはもっと根本的に考えてほしい、お金の心配なしに小・中・高・大と、どの子も学べる社会になってほしい」とのべました。

(注)「塾代助成」は大阪市の独自事業で、一定の所得以下の家庭は学習塾や文化・スポーツ教室に月額一万円まで利用できるカードが交付される。総額二十六億三千九百万円。

保育士の伊藤通子さんは、西淀川区の無料塾のとりくみを報告しました。

地域には、習い事に通えない子どもがたくさんいます。伊藤さんは、子どもたちがお金の心配をせずに安心して学べる場、「わかる」、「できる」、「やれる」自信をつける場として、無料塾を始めたといいます。「子どもたちは『わかるとうれしい』と、いい顔をします。月三回、毎回三十人以上が参加、始まって二年で、登録が百人を超えています。最近では、子育てカフェを設置し、保護者の悩みを聞いています。これからも保護者も支えながら地域の子どもたちを守っていきたい、運動を発展させたい」。伊藤さんはそう語りました。

子ども食堂について参加者からは、子ども食堂に来る少女が、「ごはんを食べた時には、心から温かくなった。野菜ってこんなにおいしかったんだ」と言い、母親が「いくたびに娘が変わり、私自身すごくうれしかった。温かいご飯の温かさ、それ以上に人とのかかわりの大切さを教えてもらった」と報道されていたと、紹介されました。厳しい時代に若い世代のママたちが頑張っている、私たちおじいちゃん、おばあちゃんの世代も行動し、変化を起こすことが必要だとの意見も出されました。

地域労組「はらから」の川上小百合さんは、「正社員で十年働いてきましたが、役職を持っていたので、結婚後同じ仕事は難しくなり退職。派遣社員になったが出産で派遣終了。『復職』を約束されていたが、赤字経営のため実現せず。他の会社で派遣。朝五時から子どもが寝るまで、朝・夕食の支度、育児、仕事……の毎日。子どもにも負担をかけました」と、非正規で働きながら子どもを育てることの大変さを語りました。川上さんはいま、〝派遣切り〟とたたかっています。

貧困を告発してきた市対連

二〇〇六年にシンポジウム

市対連は二〇〇六年八月、シンポジウム「告発！　ここまできた格差社会」を開催しました。同年の一月三日付で朝日新聞は、就学援助が四年で四割増、大阪・東京四人に一人、と書きましたが、そのとき大阪市は三人に一人となっていました。このシンポジウムでは、大阪教職員組合の「教育の現場での『貧困と格差』の実態」が報告されました。「中国からの帰国子女が多い。親の仕事が不安定で定職につけない。夕方、八百屋が閉まってから、シャッターの前においてある野菜くずを子どもといっしょに拾いにきて生活をしている」、「母親が非正規で働いており、子どもが熱を出してもなかなか迎えに来てもらえない。また、きょうだいの下の子が熱を出すと、保育所は預からないので、お姉ちゃんに学校を休ませて面倒を見させている。お昼ごはんをどうしているのか心配した担任が電話をすると、妹の分もほしいというので、担任のパンを持たせた」などの報告がありました。

市民の切実な要求届けて

貧困がとりわけ厳しい大阪市において、市対連各団体は要求運動団体として、市民の切実な要求のためのとりくみをすすめてきました。市議会開会日の宣伝・集会・パレード、市との予算要望交渉、「新しい大阪市をつくる市政改革基本方針（素案）」撤回を求めるパブリックコメント提出行動（二〇一〇年、市対連、赤バスの存続を求める市民連絡会、大阪社会保障推進協議会）、「橋下さんで大丈夫？　大阪の防災、安全・安心のまちづくり」集会（二〇一一年）、「憲法違反の社会保障制度改革推進法とＴＰＰ」学習会（二〇一二年）、新春のつどい「ＳＴＯＰ橋下維新の会・大阪市解体　市民の共同を進めよう」（二〇一四年一月）、「大阪都」構想反対のとりくみ、住民投票、大阪府知事・

市長ダブル選挙（二〇一四年～二〇一五年）などです。

市対連が二〇一六年五月に提出した、「二〇一七年度大阪市予算に対する要望書」にもとづく交渉が同年九月におこなわれます。「在任中四年間の大きな目標として、『子どもの教育費、医療費、無償都市大阪』をめざします」（二〇一五年十二月、市長施政方針演説）と言った吉村洋文市長にたいして、その真の実現を求めていきます。

大阪市予算、大阪市の教育行政の「貧困」

市民が「大阪市廃止反対」の意思を示した二〇一五年の「住民投票」の結果は重く、吉村市長は「橋下市政の改革でできなかったこと、修正すべきことにしっかりとりくんでまいります」と言わざるを得ませんでした。マスコミは「吉村市政、無難な船出……『対話路線』を掲げ、……順調に滑り出した」と報じましたが、実際には市民とは対話せず、市議会会派との「対話と協調」をすすめました。そして、市民の生活をさらに圧迫する市営バスの民営化に向けた基本方針、市立環境科学研究所と府立公衆衛生研究所の統合などがすすめられ、副首都推進局の設置に公明党が賛成し、二〇一六年度予算は日本共産党以外が賛成し、成立しました。

五歳児の教育費を無償化したものの、「幼稚園、保育所ともに民間にゆだねていくという基本的な方針は前市長の方針から変わっておりません」とし、大阪市立堀江幼稚園の民間移管を決めました。

二〇一六年度予算で、子ども青少年費は前年比三・三％増となっていますが、教育費は三・九％減、学校維持運営費、就学援助も減額となっています。

前市政では、「市政改革プラン」として三年間で四百六十九億円もの予算を削減して市民に負担を押しつけ、教育費が横ばいにもかかわらず、市長が重点を置く施策だけを取り出し、「五倍に増やした」とウソの大宣伝をおこないました。重点を置いた小型パソコン端末タブレットの支給や塾代助成は、ＩＴ企業や受験産業の利益になるものばかりです。さらに吉村市長は二〇一六年六月、「市政改革プラン２・０（素案）」を発表し、市民の共有財産を民間企業の儲けのために差し出し、市民福祉の増進をはかる地方自治体本来の役割を完全に投げ捨てる姿勢を明らかにしました。「教育の無償化」という市民の願いを無視し、教育・医療・福祉の切り捨てを継続することは許されません。

大阪市では、小学校三年〜六年の市独自の学力テスト、中学校一年〜三年の府チャレンジテスト、中学校三年の大阪市統一テストがあり、子どもはテストづけで競争をあおられています。高校入試の内申書の評定については、「大阪市統一テストの結果、各教科ごとに、全市の得点分布において上位六％に入る生徒には、当該教科の評定として必ず評点『５』を与えるものとする。……上位一八％に入る生徒には、必ず評点『４』以上を与えるものとする。……上位三九％に入る生徒には、必ず評点『３』以上を与える」ことを実施しています。一回のテストで評定１〜５が決まる、究極の相対評価、点数主義です。

チャレンジテストで評定の学校平均の上限が決められるため、中学生の間では「おまえ点数落としにきたんか（出席したのか）」、「おれは学校のために受けへんわ」（受験すれば平均点が下がるから）、また、「校内テストはがんばらなくていい。統一テストで成績は決まる」との声が出ていることも報告されています。保護者からは、「これが学校ですか」との声もあがっています。

二〇一六年度から大阪市で導入された「学校安心ルール」（案）は生徒の問題行動を五段階に分け、「Ⅲ　深刻な行為で授業をじゃまする↓（学校が行う措置）状況によっては個別指導教室を活用した指導」と決め、さらにそれを学校が実施していない場合、保護者に通報まで求めています。厳罰主義で子どもを縛り、「排除」、「隔離」する個別指導教室に続き、管理主義をいっそうすすめようとしています。

朝日新聞は二〇一五年十一月二十四日付社説で、「『ゼロトレランス』という言葉がある。『寛容度ゼロ』と訳される。……問題行動の背景は子によって違う。学校の事情もそれぞれだ。『ルールだから』とマニュアル的に対応するのは無理があると言わざるを得ない。……市教委は『学校の裁量もある程度認める』と説明する。ならばなぜ、保護者に監視させるような仕組みまでつくるのか。……現場の教員からは疑問の声や、撤回を求める動きもある。強く再考を求めたい」と書きました。

生野区では、「生野区西部地域学校再編整備計画」で、「五中学校十二小学校から四中学校四小学校」とする大統廃合案を発表しました（二〇一六年三月一日）。三月下旬におこなわれた「再編対象中学校区ごと」の説明会において、通学に四十五分かかる、学校がなくなったらますます人が住まなくなる、単学級で何が悪いか分からない、街こわしとしか考えられない、もっと時間をかけるべき、などの意見が次つぎに出され、拍手が起こりました。

保護者、ＰＴＡ、町会、新婦人、ヘルスコープおおさかなど地域の団体では、話し合い、学校統廃合反対のとりくみが始まっています。例えば最近では、「子どもは地域の宝、学校は地域のシンボルです。これまでも、これからも、林寺は私たちの誇りです。」（林寺連合振興町会・林寺小学校ＰＴＡ・林寺小学校同窓会・ＰＴＡ会長会）という横断幕が学校に掲げられました。

子どもの貧困をなくすとりくみは多面的です。どの子にもわかる教育、お金の心配なく通える学校、地域にねざした近くの学校、さらに親たちの生活にゆとりがでるよう、市民生活を豊かにする施策などをもとめて、市対連はこれからもとりくんでいきます。

大阪市対策連絡会議（代表　井上賢二）加盟団体21団体

○大阪商工団体連合会　○大阪民主医療機関連合会　○新日本婦人の会大阪府本部　○全国福祉保育労働組合大阪地方本部　○大阪市立高等学校教職員組合　○大阪市学校園教職員組合　○大阪市障害児学校教職員組合　○民主主義と人権を守る府民連合　○大阪市保育運動連絡会　○大阪市学童保育連絡協議会　○全大阪生活と健康を守る会連合会　○大阪公害患者の会連合会　○全大阪借地借家人組合連合会　○障害者（児）を守る全大阪連絡協議会　○きょうされん大阪支部　○大阪府保険医協会　○大阪府歯科保険医協会　○大阪市役所労働組合　○全大阪労働組合総連合　○おおさか市民ネットワーク　○全日本年金者組合大阪府本部

経済的支援と困難な家庭を見逃さない仕組みづくりを

日本共産党名古屋市議会議員　岡田　ゆき子

自治体は子どもの貧困をどう捉えるか

二〇一三年「子どもの貧困対策法」が成立した背景には、貧困と格差の広がりによって、親の失業や低収入、病気、離婚など家庭の経済状況の悪化に伴い、子どもの貧困が深刻となってきたことがあります。子どもの六人に一人が貧困状態に置かれ、ひとり親家庭では二人に一人が貧困状態にあるのは、重大な社会問題です。

また、こうした子育て世帯のなかには、貧困という認識に至らず、社会に原因を見いだせず、自己責任論の広がりによって、他者に助けを求めることができない家庭もあると推測されます。それは、行政にとっても貧困状態にある子育て家庭を把握しにくい、という側面もありました。また、行政は単年度で費用対効果がある事業が、より行政評価が高くなり、対象者を限定した施策展開が中心となっていました。

子どもの貧困を地方自治体がどうとらえ、どのように打開していくのかが問われています。名古屋市は、なごや子ども・子育て支援協議会の答申を受け、二〇一五年に「なごや子ども・子育てわくわくプラン（名古屋市子どもに関する総合計画）」を策定しました。

いままでにない新たな視点として、困難を抱える子ども・若者・家庭への支援＝「貧困の連鎖を断ち切るための支援」を掲げています。しかし、多くの施策は、これまでの事業の継続と学習サポート事業の拡充となっています。現状の施策では、子どもの貧困を解決できていません。思い切った事業の拡充や施策の転換が必要です。

この間、日本共産党名古屋市議団は、子どもの医療費や教育費負担、虐待、いじめ、ブラックバイト、奨学金返済、就労支援などの問題について、解決のため積極的な提案をおこなってきました。二〇一五年十一月定例会の私の個人質問と、党市議団の市議会での論戦も含めて、現時点での到達と課題について報告します。

もっとも必要な経済的支援への提案

学校給食の無料化

どの子にも温かい食事を保障しているのが学校給食です。学校給食の無料化は、「義務教育は無償」という憲法の原則からも、子どもの健やかな成長を保障するためにも、そして子どもの貧困予防対策としても大きな意義があります。

名古屋市において小学校給食無料化に必要な予算は四十億円、第三子の無料化なら二億円で実現できます。日本共産党議員は本会議質問で、多子世帯が貧困に陥らないよう、経済的負担を軽減するために、第三子からの小学校給食費助成制度の創設を求めました。市長は、同党議員の質問にたいして、「大変格差社会が広がっている日本で、義務教育の無償化を拡大していくことは必要であり、給食費の無料化は泣かせる話です」と答弁しましたが、いまだ具体的な検討はすすんでいません。

二〇一四年からとりくまれた「学校給食無料化を求める請願」署名は、六千筆近く集まりました。しかし、多くの傍聴者を迎えての請願審査の結果は、「今後も慎重審議が必要」という理由で「保留」となりました。

学校給食無料化を求める世論とともに、今後も実現を求めていきます。

図2−2　名古屋市就学援助(要・準要保護児童生徒数)の推移

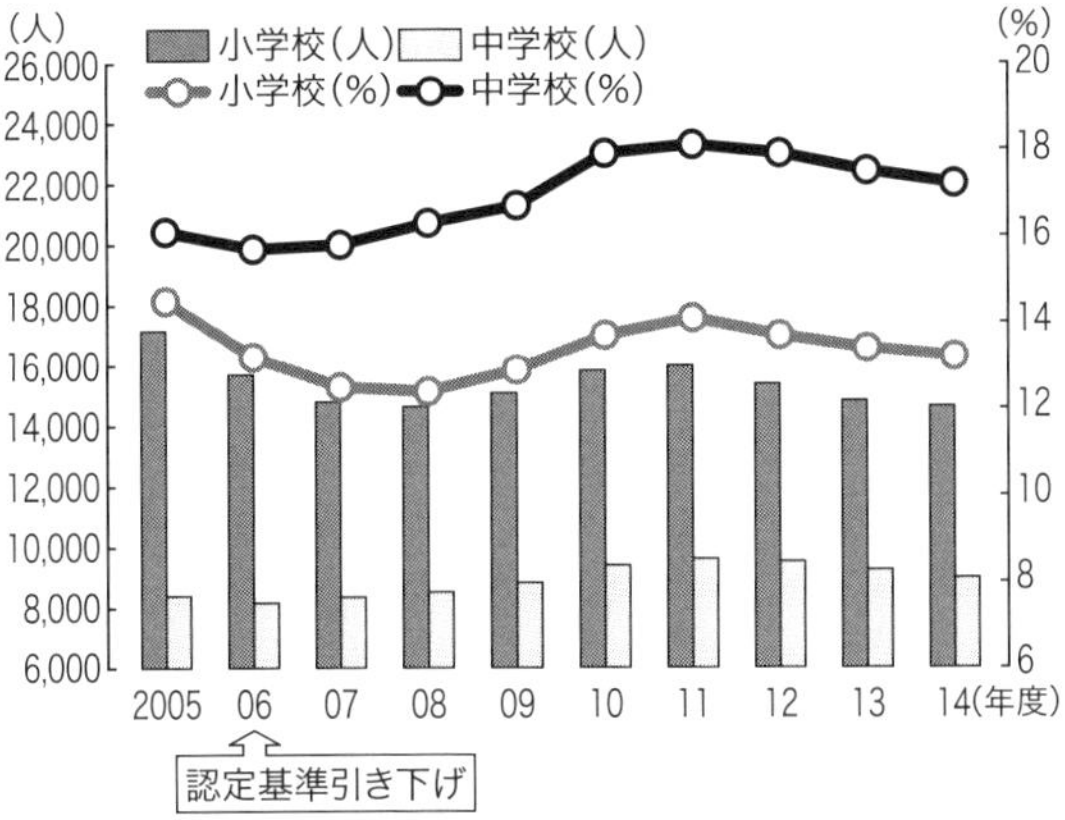

就学援助の拡充

義務教育を受けるために必要な教育費は、学習塾などにかかる費用を除いても、小学生で年間十万円程度、中学生で年間十七万円程度必要です。名古屋市は、就学援助が国庫補助の対象であった二〇〇五年度まで、認定基準は生活保護基準の一・三倍、政令市のなかでも横浜市に次いで二番目でした。しかし、国庫補助の見直しをきっかけに「他

図2—3　世帯年収と勉強に必要なものを持っている割合

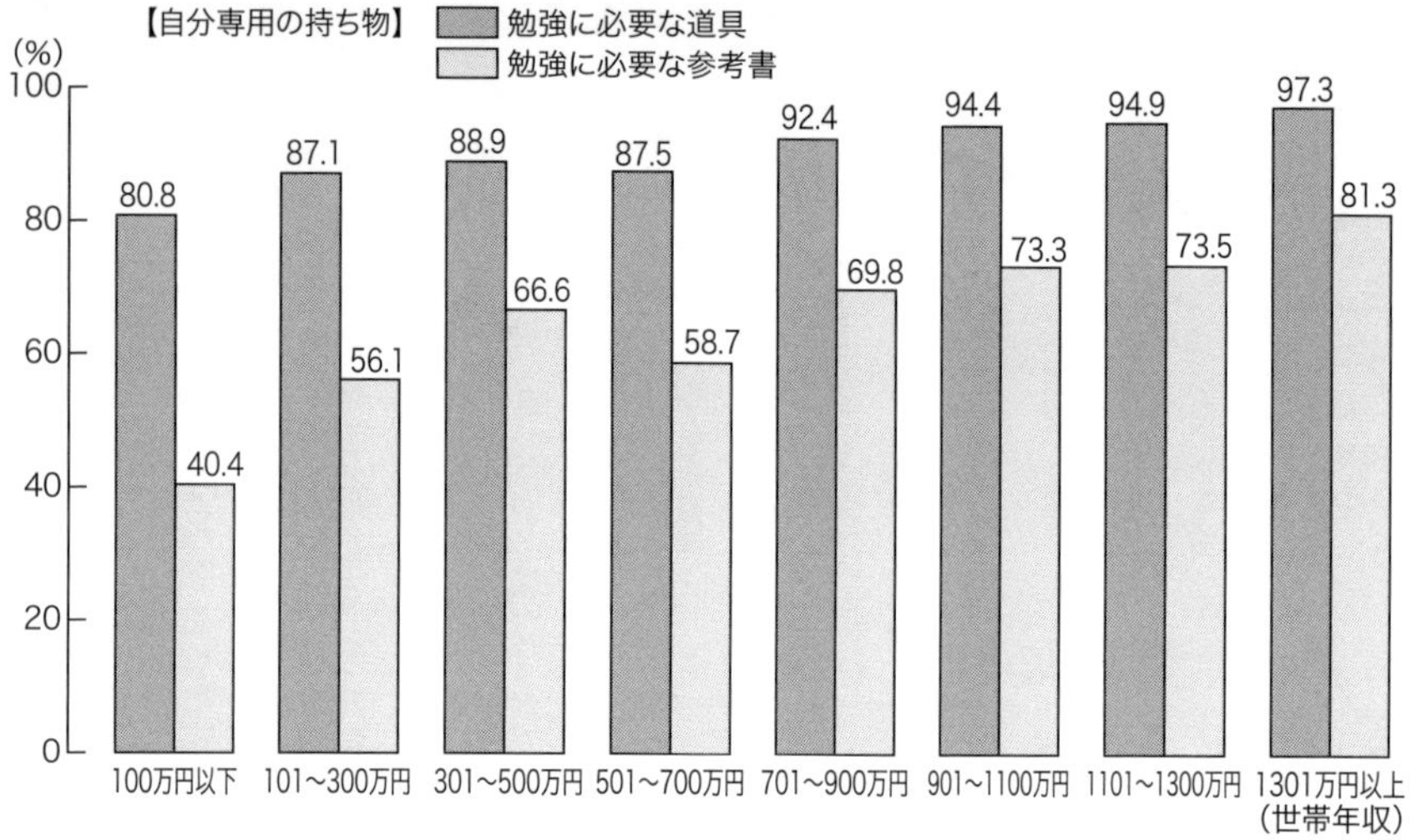

※世帯年収は世帯員の年収を年収についての回答（100万単位）の中央値と置き、合算したもの
出所）名古屋市「平成25年度 子ども·子育て家庭意識·生活実態調査報告書」

の政令都市の状況を考慮すべき」とし、それまで四人家族（両親・子ども二人）の場合、三百五十七万一千円だった所得基準を六十万三千円も減額し、二百九十六万八千円と大きく引き下げました。所得基準から外れた子ども千八百二十八人が、年間必要な教育費の全額負担を強いられることになりました（参考：図2-2）。

二〇一三年までの生活保護扶助費の引き上げで、二〇一六年度の所得基準は三百十二万円となっていますが、就学援助の所得基準の引き下げの影響は大きく、二〇一三年に市子ども青少年局がおこなった「子ども子育て生活意識調査」（図2-3）でも、「暮らし向きが苦しい」と答えた家庭の子どもほど、「勉強に必要な道具や参考書の所持率」「自己肯定感」「生活満足感」が低いという結果でした。

認定基準を二〇〇五年時点の一・三倍に戻すために必要な予算は、約一億千五百万円です。私は、貧困対策をすすめるために、認定基準の引き上げが必要だと求めました。

教育長の答弁は「現行水準を堅持していく」というものでしたが、生活の実態に合わせた就学援助の認定基準の引き上げは欠かせません。さらに、入学準備金額の基準額が実態に比べて低いことなど、国の基準そのものの引き上げを求めていく必要があります。

ブラックバイトの根絶と働くルールを学ぶ機会を

若者を大量に採用し、過重労働・違法労働で次つぎと離職に追い込むブラック企業が問題となり、是正を求める世論が広がりました。このブラック企業のような違法・脱法を疑わせる働かせ方が、学生アルバイトにも広がっています。日本共産党名古屋北西地区委員会と民青同盟が共同で、若者に対してブラックバイト実態調査をおこないました。

高校生や大学生からの聞き取りでは、「賃金が約束通り支払われていない」、「高校生は、夜十時までしか働けないから、十時以降の労働に対してバイト代が支払われない」、「土日に働いたらこれは『奉仕』だからといわれ『ただ働き』させられた」、「バイトに遅刻したら、その日働いた分は『遅刻したからバイト代はなし』といわれた」、また「売れ残った商品を買わされた」といった違法が疑われる事例が聞かれました。

また、高校生という弱い立場で、「上司に罵倒され、怒鳴られ、精神的に病んでしまう」、「バイト先は人手がいつも足りないので、過密労働でも文句がいえない」、「テスト期間中でもシフトが勝手に組まれる」、「辞めたいのに辞めさせてもらえない」、といった無理を押しつけられている〝従順な〟高校生の姿がありました。

名古屋市立高校生のアルバイト経験者は、全日制普通科〇・三％、全日制専門学科九・二％、定時制夜間六一％、工業高校定時制六七・二％となっています（二〇一五年度、表2-1）。アルバイトを申告していない生徒もいると思われますが、定時制高校は三人に二人がアルバイトをしています。二〇一〇年に市内の市立・私立高校の生徒に対しておこなったアンケート（小島俊樹「拡大する貧困層世帯の高校生とアルバイトとの関連性」名古屋市立大学大学院人文研究紀要vol.15から）では、アルバイト収入の使途は、高校生らしい生活に必要なものの購入と答えた生徒が約七割、学習費の出費が二割弱、家計を助けるためと答えた生徒が二割近くいました（表2-2）。

表2―1　名古屋市立高校におけるアルバイト従事生徒数（2015年度）

区分		学校数	アルバイト数	割合
全日制	普通科	8	21人	0.3%
	専門学科	5	349人	9.2%
定時制	昼	1	102人	19.5%
	夜		183人	61.4%
	工業	1	78人	67.2%

表2―2　アルバイト収入の使途

使途項目	回答数	割合
飲食代	578	69%
電話代	348	41%
交際費	663	79%
衣服雑貨	637	76%
本雑誌CDDVD	597	71%
教材費実験実習費	75	9%
検定料	145	17%
定期代	103	12%
部活動費	84	10%
文房具問題集	178	21%
塾予備校費	12	1%
進学用貯金	131	16%
生活費補助	152	18%
とりあえず貯金	346	41%
その他	58	7%

※複数回答　アルバイト経験者842人
出所）名古屋市立大学大学院人間文化研究紀要vol.15（2011年6月）小島俊樹「拡大する貧困層世帯の高校生とアルバイトとの関連性」

ブラック企業であっても高校生がアルバイトをしている背景は、二つあると考えます。一つは、労働ルールについて知識がないということです。アルバイトは、法律上は「短時間労働者」です。契約期間や勤務条件、職責などが正社員より緩やかに定められていても、雇い主との法律上の関係は正社員と変わりありません。労働基準法や労働安全衛生法などはアルバイトでも適用されるという、大前提を知らない、あるいは知らされることなく働いている、ということが考えられます。

二つめは、アルバイトで高校生活を成り立たせているという貧困の広がりが、違法な働き方でも働き続けなければならない状況を生み出している、ということです。

私は二〇一四年十一月議会でこの問題を取り上げ、四つの提案をしました。一つは、市立高校生のアルバイトの実態調査。二つめは、働くルールを学ぶ機会をつくる、三つめは、身近な相談窓口として、社会背景も含め相談できる正規のスクール・ソーシャル・ワーカーを高等学校に配置する、四つめは、経済的支援として給付型奨学金制度を創設する、ことです。

提案に対して教育長は、「いわゆる『ブラックバイト』は、生徒の学業に支障が生じるという点で、深刻な問題であると考えている。今後は各学校で、生徒からの届け出を徹底し、アルバイトの正確な実態把握に努めたい」と答弁したことは重要です。

給付型奨学金制度の創設については、国の動向を待ちたいと消極的でしたが、労働のルールを学ぶ機会を設けること、相談窓口の紹介と啓発パンフレットを使った個別指導をおこなう、と約束しました。

議会質問後には、卒業を前に職業科と定時制の生徒に対し、啓発パンフレットの配布と、年度内には労働基準監督署職員やブラックバイト対策にとりくむ弁護士などを講師に招き、講習会をおこなわれました。生徒からは「(労働のルールのことは)知らなかった」、「違反と分かってもなかなかいえない現実がある」、などの感想が寄せられました。

奨学金返還支援制度と給付型奨学金制度

二〇一五年六月議会で日本共産党議員が、奨学金の返済に苦しむ若者を市独自で応援するため、市内の中小企業への就労支援をセットにした「奨学金返済支援制度の創設」と、再度「給付型奨学金制度の創設」を市に求めました。

議会質問後、市民経済局と教育委員会は、二〇一六年度予算編成過程において、大学生を対象にした中小企業の人材確保と卒業後の奨学金返還支援をセットにした奨学金返還支援制度と、経済的な理由で就学が困難な私立高等学校の生徒に対する給付型奨学金百五十人分を予算要望しました。しかし、市長査定では認められず、未計上という結果になりました。

「庶民応援」といいながら、切実な要望を前にして予算を認めない市長には怒りを感じます。ひきつづき若者の就労と、また中小零細企業の人材確保を進めるためにとりくんでいきます。

子どもの貧困を見逃さない仕組みづくりを

情報が集まる学校の役割

二〇一五年十一月議会では、子どもの貧困を見逃さないための仕組みづくりについて質問しました。

子どもの情報が集まるプラットフォームとしての学校には、福祉も含めて複眼的な役割が求められます。名古屋市立の小中学校では、学校歯科健診がおこなわれます。名古屋の子どもはう歯（虫歯）数は全国平均と比べて少ないのですが、養護教諭や地域の歯科医師、歯科衛生士からは、「口腔崩壊が進んでいる」、「経済格差が、子どもたちの口の中にあらわれている」、という指摘があります。

全日本民主医療機関連合会歯科部の「口から見える格差と貧困～歯科酷書　二〇一〇年」でも指摘されていますが、ひとり親世帯などを中心に、家庭の困難さは子どもの歯にも影響を与えています。名古屋市は中学卒業まで医療費は無料ですから、「医療費が支払えない」という理由は考えられません。

養護教諭の担当主幹は、「（う歯と診断された子の家庭に対し）何度も受診を勧めたが、なかなか受診していただけない」、「医療機関へ連れて行く時間がないといわれる」、また、歯科衛生士からは、「子どもの口腔崩壊がみられる家庭の多くは、保護者の仕事が忙しく子どもにかかわれていない」、

「保護者自身が経済的困難を抱えた家庭で育ち、口腔衛生という概念がなく親子ともに虫歯が見られ、貧困の連鎖が見受けられる」、などという指摘をおこなっています。

学校歯科健診が実施されていても、う歯のある子どもの家庭の背景をとらえること、福祉につなげる仕組みが十分にないことが、問題といえます。

議会質問では、学校歯科について取り上げましたが、視力、肥満、中学校で昼食をとらない子ども（名古屋市はスクールランチ方式をとっており、二百七十円でランチを注文するか、弁当持参）など、子どもが見せる事象に気づくことができる教員、学校とＳＳＷ（スクールソーシャルワーカー）、ＳＳＷと支援機関の連携が必要です。

同時に、教員の長時間労働の問題や、子どもの問題に気づき家庭と地域と関係機関をつなぐことを期待される「なごや子ども応援委員会」（注）は深刻ないじめ問題への対処で手一杯であること、福祉との連携に対しハードルが高い教育委員会に改善をひきつづき改善を求めていきます。

（注）なごや子ども応援委員会は、常勤のスクールカウンセラーをはじめとする三つの職種と、非常勤のスクールポリスからなる組織で、二〇一四年四月から市内十一ブロックの中学校十一校に設置。常勤の専門職を学校現場に配置することで、いじめや不登校につながる問題の未然防止・早期発見や個別支援をします。

地域での居場所

地域に困難を抱える子どもをどのように見つけ、地域で支えるか。子どもが立ち寄りやすく、おとなぞっと子どもたちを見守ることができる居場所が、地域でまっています。「居場所」の実態把握と支援について取り上げました。

名古屋市北区にある民間団体が共同で、二〇一五年八月から「ひとりぼっちの食事をなくそう」を目標に、「わいわい子ども食堂」をはじめました。多くのボランティアの参加を得て、毎月一回、毎回三十~四十人の子どもや親が気軽に利用しています。ボランティアさんは、「活動のなかで支援の必要な子どもがわかる」といわれ、「元気そうな子どものなかにも、生活が大変な家庭がある。こうした発見が福祉などへの支援につなぐきっかけになれば」といわれました。

見つけにくい「子どもの貧困」を地域の力で見つけ、支援につなげ、地域で安心して暮らすことのできる仕組みが必要との認識は、地域の住民から自然発生的に出てきたことでもあります。自主的な居場所の運営を自己資金のみで続けるのは困難です。名古屋市が子どもの居場所づくりを応援すること、地域のとりくみをつなぐ役割を担うことを求めました。

名古屋市は、二〇一六年度から新たに「ひとり親家庭の居場所づくりモデル事業」をスタートさせることになりました。市内十一カ所で四十日余りの夏休み期間中に限り、夕方五時から九時までの居場所を委託・運営し、今後このモデル事業を検証していきます。また、市民団体やNPO法人などの地域での活動を全市的に把握しつなぐために、「貧困の連鎖防止ネットワーク事業」も始まります。

厚生労働省が発表した貧困率はあくまでも全国平均です。名古屋市も独自には貧困率は調査していません。しかし、二〇一六年一月に、沖縄県が独自に貧困率を発表（二九・九％）し、二〇二一年度までの子どもの貧困に関する目標値を具体的に提示しました。自治体が本気で貧困問題にとりくむには、ていねいな実態把握により課題を掘り起こし、その解決に耐えうるだけの目標設定と事業の展開が必要です。

質も量も追求する世田谷区の子育て支援、子どもの貧困対策

日本共産党東京・世田谷区議会議員　中里　光夫

世田谷区の子どもの貧困対策

現代の貧困は、なかなか周りから見えにくいものとなっています。世田谷区の冒険遊び場プレーパークに、保育園や幼稚園にもいかず、毎日乾麺を持ってやってくる子がいました。父子家庭の子どもでした。スタッフが気付き、生活保護に結びつきました。こうした例は氷山の一角です。

世田谷区の生活保護受給者は二〇〇九年、二〇一〇年ころは年間一千人増加、その後伸び率は鈍化しているものの一三年には一万人を突破しました。世田谷区の生活保護受給率は一一・三‰（千分の一）です。就学援助を受けている子どもは、一五年度の実績で小中合わせて五千三百三十二人。区立小中学校に通う子どもの一二・一％にあたります。

安倍政権の社会保障削減から就学援助を守る

▼就学援助の基準を維持

日本共産党区議団は、家庭の経済的な格差が教育の格差につながらないように、貧困の世代間の連鎖を生まないために、就学援助や低所得家庭への学習支援の拡充を繰り返し求めてきました。

一三年、安倍政権は生活保護基準の引き下げをおこないました。三年間で一割引き下げるというものです。党区議団は、生活保護の引き下げを前に、世田谷区の福祉水準を生活保護基準の引き下げに連動させないよう繰り返し求めました。保坂展人《のぶと》区長は、「安易に影響が広がらないように慎重に見定めていく」と答弁しました。

世田谷区は、生活保護基準の引き下げが、世田谷区の就学援助、応急小口資金の貸付資格、区営住宅の保証金免除など六十三事業に影響することを公表しました。そして、影響が出ないように条例、規則、要綱を改定して対応しました。

就学援助と特別支援教育就学奨励金は、その時点の生活保護基準の一・二倍の額で基準額が据え置かれました。その結果、三年間で六百十二人が、支給対象から外されずに救われました。

▼消費税増税分増額、入学準備金の前倒し支給実現。さらに拡充を求めて

一四年、消費税が五％から八％へと増税されました。消費税の増税でなにもかも値上げされ、低所得世帯ほど負担は重くなりました。学用品なども当然消費税増税分の影響が出ました。

国は、消費税の増税にともない、生活保護世帯の生活扶助費や教育扶助費を消費税増税分上乗せしました。生活保護制度を活用する要支援児童へは消費税分の増額がなされました。ところが区が

独自におこなう準要保護の支給額はそのままでした。

区議会でそのことを指摘し、準要保護へも増税分の増額を求めました。保坂区長は、「ご指摘の問題意識を踏まえて、少なくとも子どもたちの学ぶ権利をきちっと支えるという姿勢で」、「就学援助が縮小することがないよう」にすると答弁しました。翌年から、準要保護の支給額も、増税分が引き上げられました。

また、世田谷区は、わが党の提案を受け、一六年度から就学援助の中学校入学準備金の支給時期を前倒しして、入学前に支給することになりました。

党区議団は、こうしたことを評価しながら、さらなる拡充を求めています。

▼給付型奨学金など、二〇一六年度予算で子どもの貧困対策が前進

学習支援は、ひとり親家庭を対象とした無料塾が、区内二カ所から五カ所へ拡充されました。

世田谷区は、児童養護施設退所者を対象に、区営住宅を低廉に提供する住宅支援と、年額三十六万円の給付型奨学金を創設しました。基金を創設し、奨学金の財源にあてます。

区内の児童養護施設の話を聞きました。現在の児童養護施設に入所している子どもの多くは、児童虐待などを受け、親の養護を受けられない子どもです。いまは、親と死別した「孤児」はほとんどいません。「しつけ」と称して暴力をふるい、虐待している自覚がない親や、精神的に病んでいる親も多い状態です。関係者の努力で親との関係が改善し、親元に戻れるケースもあり、入所期間は平均して四年くらいです。十八歳で施設を退園する子どもは親との関係改善ができなかったということでもあります。

十八歳になると、原則施設を出なければなりません。施設を出ると、一人で自立した生活をしなければなりません。大学や専門学校に進学した場合、奨学金とアルバイトで、学費と生活費のすべてを賄わなくてはなりません。

今回、区がはじめる住宅支援と給付型奨学金は、関係者に大変喜ばれています。日本共産党は、給付型奨学金創設を評価し、今後はその対象をひろげるよう求めています。

▼一六年度予算での子どもの貧困対策

世田谷区は、一六年度予算で子どもの貧困対策を強調し、①児童養護施設や里親などの社会的養護施設退所者への支援、②保育園・幼稚園の就園世帯、小中学校の就学世帯への支援、③子どもへの支援、④親を通じた子どもへの支援、⑤母子生活支援施設入所者への支援、の施策をおこなうことをあきらかにしました（図2-4）。

保育待機児解消へ

世田谷区の一六年四月の保育待機児数は、一五年より十六人増えて千百九十八人（育児休業を取得したケースをふくむ）と過去最高を更新しました。認可保育園申込者数は、前年比二百六十四人増の六千四百三十九人、認可保育園の入園可能数は三千二百八十二人で、約三千人が認可保育園には入れませんでした。

○六年当時、増えはじめた保育待機児の解消を求め、区議会で日本共産党だけが認可保育園の整

図2−4　世田谷区の子どもの貧困対策

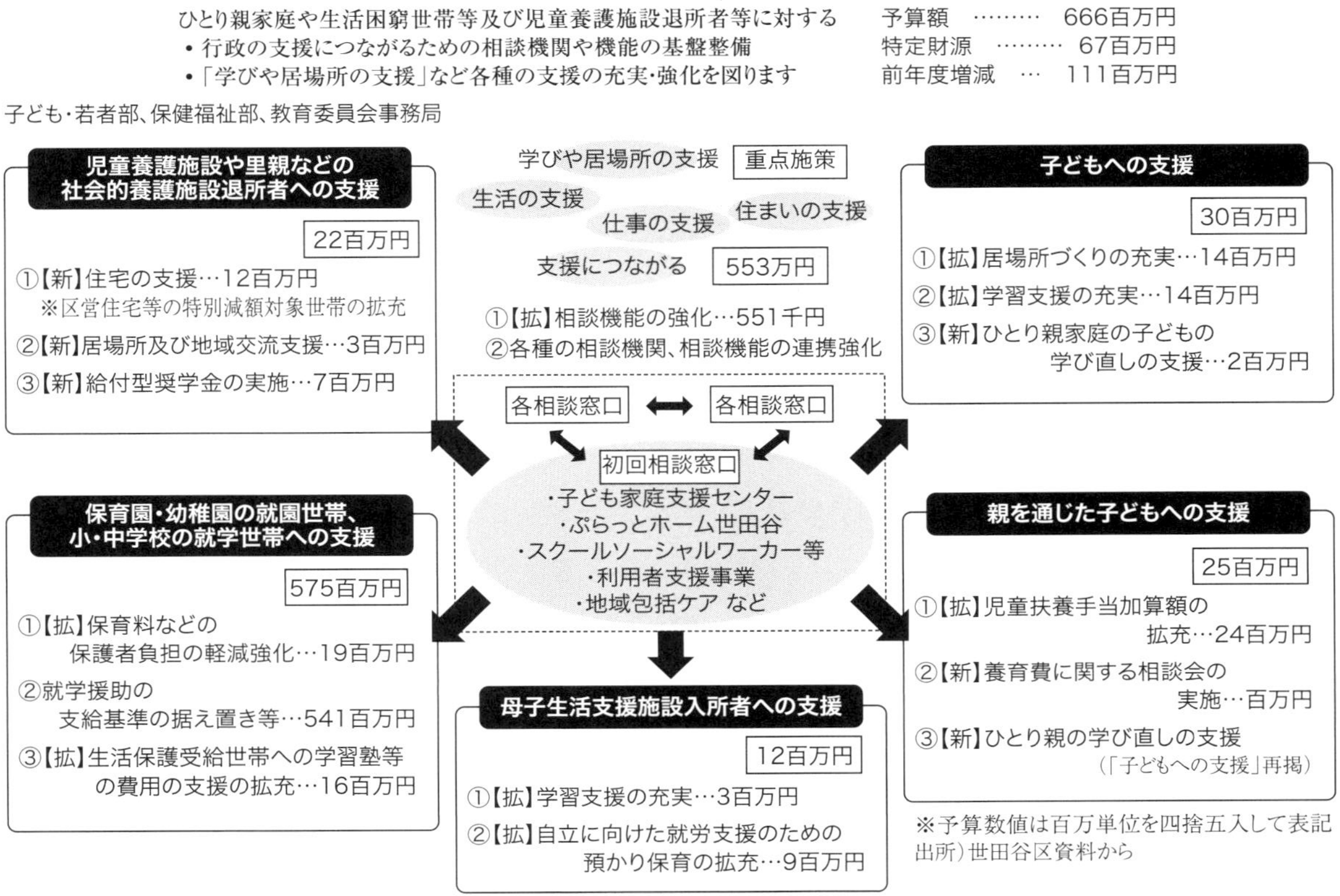

ひとり親家庭や生活困窮世帯等及び児童養護施設退所者等に対する
• 行政の支援につながるための相談機関や機能の基盤整備
• 「学びや居場所の支援」など各種の支援の充実・強化を図ります
予算額 ……… 666百万円
特定財源 ……… 67百万円
前年度増減 … 111百万円
子ども・若者部、保健福祉部、教育委員会事務局
児童養護施設や里親などの社会的養護施設退所者への支援
22百万円
①【新】住宅の支援…12百万円
※区営住宅等の特別減額対象世帯の拡充
②【新】居場所及び地域交流支援…3百万円
③【新】給付型奨学金の実施…7百万円
学びや居場所の支援
重点施策
生活の支援
仕事の支援
住まいの支援
支援につながる
553万円
①【拡】相談機能の強化…551千円
②各種の相談機関、相談機能の連携強化
各相談窓口
各相談窓口
初回相談窓口
・子ども家庭支援センター
・ぷらっとホーム世田谷
・スクールソーシャルワーカー等
・利用者支援事業
・地域包括ケア など
子どもへの支援
30百万円
①【拡】居場所づくりの充実…14百万円
②【拡】学習支援の充実…14百万円
③【新】ひとり親家庭の子どもの学び直しの支援…2百万円
保育園・幼稚園の就園世帯、小・中学校の就学世帯への支援
575百万円
①【拡】保育料などの保護者負担の軽減強化…19百万円
②就学援助の支給基準の据え置き等…541百万円
③【拡】生活保護受給世帯への学習塾等の費用の支援の拡充…16百万円
母子生活支援施設入所者への支援
12百万円
①【拡】学習支援の充実…3百万円
②【拡】自立に向けた就労支援のための預かり保育の拡充…9百万円
親を通じた子どもへの支援
25百万円
①【拡】児童扶養手当加算額の拡充…24百万円
②【新】養育費に関する相談会の実施…百万円
③【新】ひとり親の学び直しの支援
（「子どもへの支援」再掲）

※予算数値は百万単位を四捨五入して表記
出所）世田谷区資料から

備を求めるなかで、それまで八年間凍結されていた認可保育園の整備が再開されましたが、保育待機児は年々増え続けました。いまでは、保育待機児問題は、世田谷区の子育てをめぐる最大の問題となっています。区議会では、すべての会派が認可保育園の増設を求めるようになりました。

同時に、保育の質を守ることも区の大きな方針となっています。

なぜ、保育待機児ワーストの世田谷区は保育の質もゆずらないのか

▼保育の質を守る指針「世田谷区保育の質ガイドライン」

世田谷区には、保育の質を守るために明文化された「保育の質ガイドライン」があり、公開されています。ガイドラインは「子どもを中心とした保育」を実践するための基本的な指針です。保護者、保育施設関係者、学識者が議論し、一五年三月に策定されました。

ここに至るまでには、区民の運動を背景に、区が保育の質にとりくんできた積み重ねがあります。

▼民営化反対の区民運動のなかから生まれた「民営化ガイドライン」で、質重視の事業者選定

〇四年、世田谷区は区立保育園の民営化計画を発表しました。全国で公立保育園の民営化がおこなわれ、株式会社の園でベテラン保育士がいない、保育士が次つぎと退職、突然の事業撤退など、さまざまな問題が起きていました。日本共産党は、広範な区民とともに民営化反対の運動にとりくみました。〇四年に「区立保育園の民営化に反対し、公的保育の拡充を求める請願」の八万六千筆の署名が区議会に提出されました。区民の一割にもなる数です。請願は不採択となりましたが、民営化は五園だけでストップさせました。

〇五年、保育園民営化反対運動のなかから、保育関係者と区との「区立保育園民営化に関する意見交換会」が開かれました。七回に及ぶ議論を経て、区民から「区立保育園民営化に関する提言書」が区へ提出され、区はこれを元に「区立保育園民営化ガイドライン」を制定しました。事業者選定の基準がしめされ、保育の質を重視し、現地調査もおこなって選定がおこなわれることとなりました。

選定にあたって重視することとして、①児童福祉の理念・公共性・公益性をもった事業者であること、②子ども本来の発達・育ちを重視し、子どもを中心とした良い保育を実施していること、③質の高い職員が確保されること、④職員の人材育成や園運営に職員参加がなされていること、などがしめされました。認可保育園に株式会社の参入は認められませんでした。

その後、新たに私立認可保育園を設置するときにも、民営化ガイドラインの事業者選定基準が生かされました。認可保育園の大量増設のもとでも保育の質を保つ役割を果たしてきました。

〇八年、株式会社の認証保育所（認可外）で補助金不正受給事件が発覚しました。資格のある保育士の数を偽り、無資格の職員で人件費を安上がりにし、利益を得ようとするものでした。日本共産党は、保育の質の問題として追求し、区は株式会社の認証保育所にたいする新たな指導基準をつくりました。

世田谷区は、保育の質を守ることを繰り返し明言しました。

▼株式会社参入に新たなチェック基準

一五年から、子ども・子育て支援新制度が施行されました。要件を満たせば、株式会社の保育園も認可しなければならなくなりました。

株式会社の問題として、倒産や事業撤退のリスク、ベテランの職員がバランスよく配置されるか、などがあげられます。企業が利益を上げるために人件費を削ると、保育の質に直結する問題となります。

日本共産党は、区として保育の質を守るための対策をおこなうよう求めてきました。経営が安定しているか、職員の配置はどうか、人件費はどうかなどを区がチェックする必要があります。新システム施行に合わせ、事故報告等の提出義務、施設ごとの経理区分、財務諸表の公表、職員賃金台帳の整備、出頭命令、立入検査の権限などを定めた「世田谷区特定教育・保育施設及び特定地域型保育事業の運営の基準等に関する条例」も整備されました。

多くのハードルに直面しながら認可保育園の大量増設へ

▼保育定数目標まであと五千七百人分、認可園中心に八年間で六千八百三十五人分定員増

〇八年のリーマン・ショック以降、保育需要が急増し、保育待機児問題は深刻さを一気に増します。〇九年ころから、「夫婦共にフルタイム勤務でも保育園に入れず復職できない」という事態が起きるようになってきました。保育の申請窓口で泣き叫ぶ人が出るなど、大変な状態になりました。

認可保育園申込者数は、〇八年四月の二千八百六十人が、一六年四月には六千四百三十九人と二倍以上になりました。子どもの人口も増えています。就学前人口は、この八年間で七千百三十七人増えました。区民の要求は切実です。公的保育を守る世田谷実行委員会が、認可保育園を増やして

欲しいと毎年のように署名運動をおこない、一二年八千百五十四筆、一三年一万八千百十四筆、一四年一万三千五百二十三筆の署名がよせられました。

世田谷区は、認可保育園を中心に保育定数を増やす方針をすすめています。〇八年の保育定数は九千九十人でしたが、一六年には一万五千九百二十五人と、八年間で六千八百三十五人分増やしました。認可保育園は、七十カ所新たに整備されました。しかし、保育園の増設が保育需要に追いつかない状態が続いています。一六年度予算では、三十八カ所二千二百人分の認可保育園を中心とした保育園整備予算が成立しました。

日本共産党は、保育整備率が十一年時点で二十三区平均の三三・六％にたいし、世田谷区は最低クラスの二五・九％であることなどをしめし、待機児解消のために、保育園整備はどこまで必要か目標を定めるべきだと求めてきました。

一三年、区は一九年までに、整備率（未就学児数にたいする保育所定員）四六％、保育定数二万人分の保育施設を整備する、という目標を決定しました。(注) また、その後の未就学児童の人口が、予想を上回って増加しており、一六年、保育定数の目標を約一千七百人分上乗せしました。一六年度は約二千二百人分の整備にとりくんでいます。目標達成まであと約五千七百人分です。

（注）保育定数は、区が保育需要調査にもとづいて算出したものです。

▼土地確保の問題

認可保育園を整備するうえでの課題は、土地の確保だと世田谷区は当初からいっていました。

日本共産党世田谷区議団活動報告

みらくる

2013年7月号
発行　日本共産党世田谷区議団
〒154-0017 世田谷区世田谷4-21-27
TEL 5432-2791～2　FAX 3412-7480
Eメール：kugidan@jcp-setagaya.jp
ホームページ：http://www.jcp-setagaya.jp/kugidan/

●世田谷区政や日本共産党へのご意見をお寄せ下さい。

放送大学跡地に認可保育園 国有地活用、区内で４カ所目

世田谷区はこのほど、放送大学跡地（下馬４丁目）に新しい認可保育園の整備計画を発表しました。国有地活用の認可保育園整備は区内４カ所目です。

区議団は、国会議員団とも連携して保育園用地確保のために国有地を活用することを提案してきました。参議院の小池晃議員（当時）の質問に対して、国は「国有地の提供を行う」と答弁しました。その結果、昨年４月に全国初の国有地を活用した認可保育園が区内に開設されました。世田谷区はさらなる国有地活用のために、引き続き国と協議しています。

全国初の国有地を活用した認可保育園（東北沢ききょう保育園）

認可保育園整備 住宅リフォーム助成の拡充など 補正予算で実現

世田谷区の待機児童は４月時点で884人と過去最高となりました。「2年続けて入れなかった」「職場に復帰できない」などの切実な声が寄せられています。

日本共産党は認可保育園の増設や、年度途中の定員増のために保育室を拡充することなどを求めてきました。区は当初予算で1,000人分の整備計画を持っていましたが、６月議会ではさらに補正予算を組みました。当初計画とあわせて認可保育園９ヶ所を中心とした1,550人分の定員増をはかることになりました。

また、住宅耐震化工事を推進するために、助成額を30万円上乗せします。木造住宅の場合これまでの上限額100万円が130万円になります。

公的保育・福祉を守る世田谷実行委員会が取り組んだ「認可保育園の増設と世田谷の保育の質を守ることをもとめる陳情」署名は13,000筆を超えました。

陳情が審査された５月23日の区議会福祉保健委員会には赤ちゃんを抱っこしたママなどおおぜいの傍聴者がつめかけました。

日本共産党は趣旨採択を主張しましたが、他会派から区立保育園の増設が文書にあることなどを理由として継続審査や不採択などの意見が出され、結果は継続審査となりました。

日本共産党世田谷区議団活動報告 2013年7月号　1

日本共産党世田谷区議団活動報告
「みらくる」2013年7月号

［区有地の利用］○八年、区は区有地の総点検をおこない、学校施設、集会施設などの一部を使って二十カ所の認可保育園分園の整備をすすめました。校庭の一部を削るなどの措置に、一部の学校施設で利用者の反対があり、一部の施設で計画を変更しました。

その後も、区有地の活用は追求されています。公共施設の建て替えや、道路代替地も利用されています。

［国有地の利用］世田谷区では、国立病院統廃合跡地をめぐり、土地を区が取得するのに失敗し大規模マンション開発をされた経験があります。その後、国有地などの大規模敷地の動向について、区議会も特別委員会を設置し注視してきました。

日本共産党区議団は、保育園整備に、国有地、都有地の活用を求めてきました。一〇年、国会で小池晃参議院議員が質問し、国は「国有地を積極的に活用できないか検討して」いると答弁しました。

一二年、国有地を活用した認可保育園が実現。全国でも最初の事例となりました。これまでに、国有地を活用した認可保育園は九園開設。現在五カ所で準備中あるいは国と交渉中です。

国は、近傍同種の借地料を取っています。保育事業をおこなう社会福祉法人には、その負担は重いので、区が借地料を払い国から借り受け、社会福祉法人に低額で転貸するという方法が取られて

います。区の財政負担が大きく、区は国にたいし、借地料を下げるよう求めています。

［**都有地の利用**］都有地の活用は、都営住宅の建て替え時に、保育施設の拡大や、新たな保育園整備がおこなわれてきました。

一三年の都議会議員選挙で日本共産党が十七人へと躍進し、その後、都の用地代助成が拡充されました。また、都営住宅以外の都有地が初めて保育園用地として提供されました。特区制度を活用して、都立公園内への保育園整備を現在二カ所で準備をすすめています。

［**民有地の利用**］公有地だけでは、どうしても整備目標を達成できません。区は、民間の土地所有者に土地を貸して欲しいと呼びかけました。また、一三年から、保育事業者が自ら土地を提案する「提案型公募」を開始しました。しかし、当初公募に応じる事業者は現れませんでした。日本共産党は、区独自の補助制度など工夫するよう提案しました。区は、保育課に不動産の専門家を任用し、区独自経費で保育事業者にたいして土地等への賃貸補助をはじめました。こうしたとりくみの結果、これまでに四百七十件の相談・申し出があり、八園が既に開園。現在二十五園で開園に向けた準備をすすめています。

区は国にたいし、土地所有者へ相続税や固定資産税の減免などの保育園用地確保促進策を提言しています。

▼保育士確保の問題

一五年四月、保育士不足が原因で保育定数を減らす施設が複数でました。日本共産党区議団は、保育事業者の話を聞き、保育士確保の必要性を区議会で取り上げました。

保育定数2万人目標まで、あと5300人！
保育士不足が深刻な事態
1000人の保育士確保が必要

6月議会の代表質問で、保育待機児問題を取り上げました。世田谷区は保育の質を守りながら、保育園増設に取り組んでいます。保育士不足が深刻な事態にあることが明らかになってきました。

保育士不足で定数削減？

今年度の世田谷区の保育待機児は、昨年より73名増の1,182人となりました。この4月までの1年間で新設の保育園を約1300人分作りましたが、保育需要の増大に追い付きません。今年度は2,000人分の保育園整備予算がつきました。一方、認証保育園など既存園が保育士不足で77人の定数を減らす事態になっています。

保育士不足のまま開設する園も

4月開園の新設園で保育士が区の基準を満たさないままスタートをした園があります。（世田谷区は国よりも高い保育士配置基準です）保育の内容にも問題があり保護者から苦情がたくさん寄せられ、区は法に基づく立ち入り調査、指導を行っています。

1000人必要、区が明らかに

世田谷区は保育待機児解消のために、今後5年間で保育定数を2万人にする目標を持っています。あと約5300人の定数増です。区は、そのために必要な保育士の数は約1,000人であることを答弁しました。

保育士確保を、党が提案

保育士が不足している原因は、低賃金、長時間拘束など労働条件にあります。待遇が安定している区立保育園では保育士不足は起こっていません。かつて東京都は公立と私立の格差是正のための補助金を出していましたが、現在は大きく後退しています。

日本共産党は、保育士確保のための対策を求めました。また、新たに保育学生に返済金なしの奨学金創設を提案しました。区は「検討すべき課題」「保育人材確保・育成に積極的に取り組む」と答弁しました。

憲法カフェを開催！
（詳細は検討中です）
7月18日（土）
午後2時から
中里光夫事務所にて
世田谷区赤堤2-5-10豪徳寺ハイム105

こんにちは 日本共産党 区議会議員 中里光夫です

中里光夫区政報告
2015年6月28日 No.233
世田谷区代田2-31-4-303
TEL 5432-2791 / FAX 3412-7480
Email: nakazato@jcp-setagaya.jp

中里光夫区政報告　2015年6月28日 No. 233

今後、保育定数を二万人にする目標を達成するには、保育士を約一千人増やす必要があることをあきらかにし、保育士確保のための保育学生への奨学金などを提案しました。

区は、一五年から保育士確保のための保育事業者にたいする八万二千円を上限とする家賃補助制度を開始しました。現在、約百七十人がこの制度を利用し、保育士確保につながっています。区独自の保育士処遇改善として、一六年十月から私立の保育施設の常勤保育士・看護師を対象に、一人あたり月額一万円の個人給付を開始します。

区は、保育人材求人サイトの立ち上げ、他都市での求人支援などもおこなっています。

▼子どもの声は騒音か――近隣問題が顕在化

区長の「子どもの声は騒音か」というネットでの呼びかけに大きな反響がありました。保育園整備が決まっても、近隣住民の理解がなかなか得られず、計画が遅れるケースがでています。事業者の撤退も生じています。

党区議団は、区は住民にていねいに対応すること、区が事業者に対し近隣住民へのていねいな対応を指導すること、事業者の住民説明会などへの支援を求めています。

▼保育室の運動とこれから

保育室は、もともと都の要綱にもとづく認可外保育施設でした。〇～二歳、三十人未満の家庭的保育をおこなう施設です。世田谷区では、区立保育園が産休明け保育をおこなっておらず、保育室が世田谷の産休明け保育を担ってきました。

保育室は区民の評価も高く、質の高い保育をおこなってきました。都が認証保育をはじめ、保育室の要綱を廃止した後も、世田谷区は独自に保育室制度を守ってきました。事業者と保護者の運動で、区議会全会派も協力し、子ども・子育て支援新制度制定後も保育室制度を守り、保育士確保支援も保育室に適用させました。

しかし、保育室は新制度に規定されていないので、すべて区の単独費用となります。区は、認可保育園や小規模保育などへの移行を模索しています。保育室関係者は制度の存続や補助の充実を求めています。一六年十月から、十八年ぶりに保育室運営費補助が増額されました。

その他の子育て支援

病児、病後児保育は現在五十八人の定員を確保しています。区は、一九年に八十六人の定数を確保する目標を持っていますが、わが党はさらなる拡充を求めています。世田谷区には国立成育医療センターがあり、医療の高度化とともに医療的ケアを必要とする子どもが増えています。医療的ケアを必要とする子どもの保育がはじまります。

世田谷区は、産前産後の家事・育児支援をおこなう「さんさんサポート」、産後の母体の休養などを目的とした「産後ケアセンター」を実施してきました。今年度は、医療機関の空きベッドを利用し産後ケアが増床されます。一六年度から、保健師を中心としたチームが妊娠期からの切れ目のない相談支援をおこなう「世田谷版ネウボラ」がスタートします。

在宅子育てを支援する施策として、子育て中の親の孤立感や負担感・不安感の軽減のため、一時あずかりの「ほっとステイ」や、親子の集いの場の「おでかけひろば」などを展開しています。

国は保育待機児解消に本気のとりくみを

保育待機児問題、子育て世代の「保活」の問題は、ここ数年区政の中心問題の一つです。大きな社会問題になっていたはずなのに、安倍首相はこれほどまで無関心だったのかとおどろいたのが、「保育所落ちた。日本死ね」というブログの書き込みをめぐる国会でのやり取りでした。

世田谷区は、保育の質を守りながら、認可保育園を大量に整備しています。しかし、現実には、積極的に予算をつけても計画通りには保育園整備はすすまず、保育需要の増加に追いついていません。保育待機児解消に、国は本気でとりくむべきです。土地の確保のために、国はもっと自治体を支援すべきです。保育士確保のために、保育士の処遇改善に本気でとりくむべきです。ハローワーク渋谷での保育士の求人倍率は、十～二十倍で、保育士確保は困難をきわめています。今回国がしめした二％の給料アップでは、まったく足りません。保育基準を引き下げて詰め込みなどというのは、とんでもありません。保育の質を引き下げ、保育士の負担を増やし、事態を悪化させるだけです。

社会福祉法人が新しい保育園を開設する場合、ベテランの保育士を分散させ、新人を新たに大量採用することになります。保育の質を守りながら新人を育てていく努力は、大変です。こうした大変な努力をお願いしながら、世田谷ではたくさんの保育園を整備しています。

ところが、公立の保育園は増えていません。公立保育園への国の補助金が一般財源化され、地方交付税の不交付団体である東京都には一切入ってこないからです。緊急に待機児を解消するには、人材も豊富な公立保育園も増設できるよう、国は財政投入すべきです。

「給食費補助制度の調査」から見えてきたもの

全日本教職員組合中央執行副委員長　中村　尚史

一日の食事が給食だけ

「母子家庭で親が病気のために食事の用意ができなくて、まともな食事は給食だけ」、「家に食事の用意がなく友達の家で食べる納豆ご飯が楽しみの食事になっている」、「毎食コンビニの食事」、「一日の食事が給食だけの生徒もいる」。

子どもの貧困の深刻化が、日本社会の大きな課題となっています。

全教（全日本教職員組合）の調査や会議でも、子どもたちの食をめぐって、右記のような報告は後を絶ちません。

また、給食費の未納も増えているとの報告が少なからずあります。文科省の調査では、二〇一四年度（平成二十六年度）の学校給食費の平均月額は、小学校で約四千二百六十六円、中学校で約四千八百八十二円となっています（表2-3）。年額では、五万円~六万円の負担となるもので、勤労者の実質賃金が五年連続低下するなどの状態悪化のなかで、家計にとっては大きな負担となっています。また、前年度より月百円（約二％）程度上昇しています。これは、二〇一四年四月一日の消費税の八％への増税が影響していると考えられます。給食費は消費税の対象外となっていますが、食材には消費税がかかっています。結局、消費税の増税分が給食費に上乗せされているのが実態です。

こうしたもとで、全教は、二〇一五年度のとりくみとして、保護者負担の軽減を一歩でもすすめるため、給食費、就学援助、自治体独自の奨学金制度の三点について、自治体による教育費支援の現状の調査をおこないました。

無償化自治体、四倍に！

調査結果では、回答のあった千三十二自治体のうち全額補助する自治体が四十五自治体で、前回調査時（二〇一一・二〇一二年度）より四倍に増え、半額以上の補助（全額補助を含む）を実施する自治体は六十四自治体でした（表2-4、図2-5）。さらに、それ以外の一部補助（消費税増税分や米飯給食の実施回数増分、地産地消をすすめるための食材費の増加

表2—3　学校給食費平均月額

区分		2014年		2013年	
		給食回数	給食費月額	給食回数	給食費月額
小学校	低学年	191回	4,251円	190回	4,145円
	中学年	191回	4,271円	191回	4,165円
	高学年	191回	4,277円	190回	4,171円
中学校		188回	4,882円	187回	4,771円

出所）文科省学校給食実施状況等調査 平成26年度結果の概要「学校給食費調査」

表2―4　半額以上補助（全員対象）の自治体

都道府県	団体名	区分	実施年度	2015年度調査	2011年度(一部、2012年度)調査
北海道	木古内町	町	2015	(小中)全員・全額	未回答
北海道	上ノ国町	町	2014	(小中)全員・全額	未回答
北海道	美瑛町	町	2013	(小中)全員・全額	一部
北海道	小清水町	町	2015	(小中)全員・全額	なし
北海道	足寄町	町	2015	(小中)全員・全額	未回答
北海道	陸別町	町	2015	(小中)全員・全額	なし
北海道	浦幌町	町	2015	(小中)全員・全額	未回答
青森県	七戸町	町	2013	(小中)全員・全額	なし
青森県	六ヶ所村	村	2014	(小中)全員・全額	なし
青森県	南部町	町	2015	(小中)全員・全額	なし
青森県	新郷村	村	2013	(小中)全員・全額	なし
秋田県	八郎潟町	町	2012	(小中)全員・全額	なし
秋田県	東成瀬村	村	2014	(小中)全員・全額	なし
栃木県	大田原市	市	2012	(小中)全員・全額	一部
群馬県	上野村	村	2011	(小中)全員・全額	(小中)全員・全額
群馬県	神流町	町	2011	(小中)全員・全額	(小中)全員・全額
群馬県	南牧村	村	2010	(小中)全員・全額	未回答
埼玉県	滑川町	町	2011	(小中)全員・全額	(小中)全員・全額
埼玉県	小鹿野町	町	2015	(小中)全員・全額	一部
東京都	奥多摩町	町	2014	(小中)全員・全額	(小中)全員・全額
東京都	御蔵島村	町	–	(小中)全員・全額	未回答
福井県	永平寺町	町	2013	(小中)全員・全額	未回答
山梨県	早川町	町	2012	(小中)全員・全額	(小中)全員・全額
山梨県	丹波山村	村	2012	(小中)全員・全額	未回答
長野県	王滝村	村	2010	(小中)全員・全額	未回答
京都府	伊根町	町	2015	(小中)全員・全額	未回答
兵庫県	相生市	市	2011	(小中)全員・全額	(小中)全員・全額
奈良県	黒滝村	村	2012	(小中)全員・全額	(小中)全員・全額
奈良県	野迫川村	村	2013	(小中)全員・全額	一部
奈良県	上北山村	村	–	(小中)全員・全額	(小中)全員・全額
和歌山県	高野町	町	2013	(小中)全員・全額	未回答
和歌山県	北山村	村	2015	(小中)全員・全額	未回答
鳥取県	大山町	町	2015	(小中)全員・全額	一部
島根県	吉賀町	町	2015	(小中)全員・全額	一部

（次ページに続く）

山口県	和木町	町	1952	(小中)全員・全額	(小中)全員・全額	
佐賀県	太良町	町	2015	(小中)全員・全額	未回答	
熊本県	水上村	村	2015	(小中)全員・全額	なし	
熊本県	山江村	村	2014	(小中)全員・全額	未回答	
宮崎県	諸塚村	村	2009	(小中)全員・全額	(小中)全員・全額	
沖縄県	嘉手納町	町	2010	(小中)全員・全額	(小中)全員・全額	
沖縄県	粟国村	村	2014	(小中)全員・全額	未回答	
沖縄県	渡名喜村	村	2012	(小中)全員・全額	未回答	
沖縄県	多良間村	村	2013	(小中)全員・全額	未回答	
沖縄県	与那国町	町	2014	(小中)全員・全額	未回答	
北海道	上砂川町	町	2012	(小中)全員・半額	未回答	
秋田県	三種町	町	2015	(小中)全員・半額、第3子以降全額	なし	
秋田県	八峰町	町	2015	(小中)全員・半額	なし	
茨城県	大子町	町	2012	(小中)全員・半額	(小中)全員・半額	※1
千葉県	神崎町	町	2012	(小中)全員・半額	未回答	
東京都	檜原村	村	2011	(小中)全員・80%	(小中)全員・半額	※2
長野県	泰阜村	村	2013	(小中)全員・半額	なし	
長野県	大鹿村	村	2014	(小中)全員・半額	未回答	
愛知県	大口町	町	2010	(小中)全員・半額	(小中)全員・半額	
兵庫県	佐用町	町	2015	(小中)全員・半額	なし	
奈良県	曽爾村	村	2011	(小中)全員・60%	(小中)全員・半額	
奈良県	東吉野村	村	–	(小中)全員・半額	未回答	
鳥取県	若桜町	町	2012	(小中)全員・半額	一部	
山口県	上関町	町	2002	(小中)全員・半額	(小中)全員・半額	
高知県	東洋町	町	2011	(小中)全員・80%	(小中)全員・半額	
宮崎県	日之影町	町	2014	(小中)全員・半額	未回答	
北海道	三笠市	市	2006	(小中)全員・全額	(小中)全員・全額	※3
長野県	北相木村	村	2009	(小中)全員・半額	(小中)全員・半額	※4
長野県	平谷村	村	2002	(小中)全員・半額、(中)全員・一部	(小中)全員・半額、(中)全員・一部	※5
沖縄県	宜野湾市	市	2013	(小中)全員・半額	未回答	

※1…2011年度まで全額
※2…2015年度から80%
※3…小学校のみ
※4…中学校は組合立
※5…2016から小で全額
参考）2011年度調査（一部、2012年度）と2015年度調査の比較

図2—5　給食費補助の実施自治体数

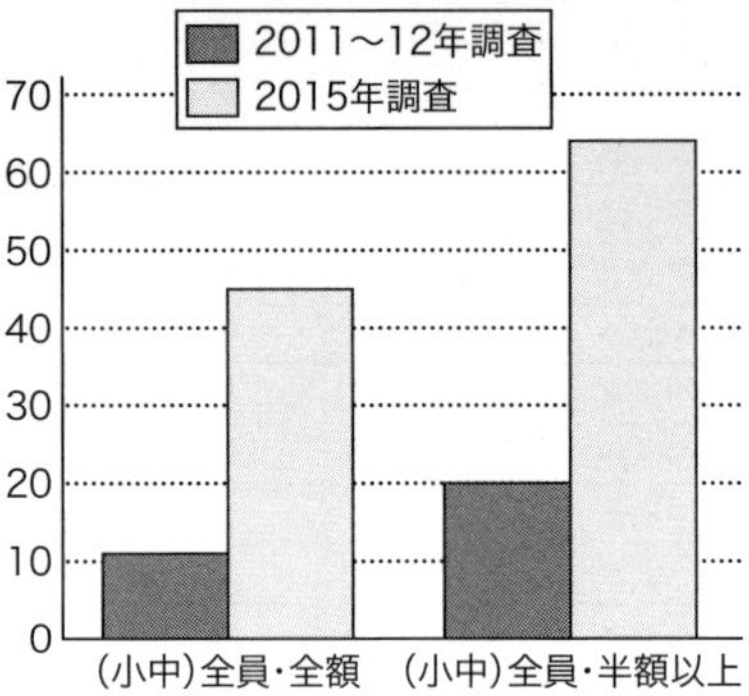

分等の負担）も含めると、百九十九区市町村で実施されていることがわかりました（未回答の自治体でも無償化しているところもあり、実数はもっと多い）。

この傾向は、子どもの貧困が深刻化しているなか、自治体として補助を考えざるを得ない状況となってきていることを表しています。同時に、自治体の少子化対策や過疎対策で、住民増を促すための政策である自治体もあります。いずれにしても、子どもの教育費負担を軽減することが住民の要求となっていることは、間違いありません。

国の責任で給食費の無償化を

家庭の経済的状況にかかわらず、安心して食事ができることは、子どもの情緒の安定にとっても重要なことです。しかし、アベノミクスと地方自治を壊す地方創生政策の下で、自治体の自主財源が減少し、財政運営に困難がもたらされているなかで、給食費をはじめ家庭の教育費負担を軽減する財源の確保も困難になっています。そうした事情から、補助額を減額したり、補助制度を廃止する自治体も一方であります。結果、居住する自治体によって、無償で給食を享受できる子どもとそうでない子どもが存在するのが現状です。こうした状態を打破するためには、各自治体の努力に任せるのではなく、ナショナルミニマムとして、国の責任で無償化することが求められています。

現行制度のもとでも負担軽減を

学校給食に関わる経費の負担について、学校給食法は運営に係る経費は設置者負担、その他の経費は保護者負担としています。また、学校給食法施行令によって、設置者の負担すべき運営に係る経費は、学校給食調理員等の人件費、施設・設備に関わる費用など、となっています。これらの規定によって、保護者負担となっている主なものが食材費です。しかし、実際には、調理に必要な光熱水費や給食の配送費などが保護者負担となっている自治体があります。本来のあり方からすれば、食材費以外の経費については、設置者が負担すべきものです。(注)

それ以外にも、検査用の給食の食材費なども、保護者負担となっている自治体もあります。これらについては、いますぐにでも自治体が負担すべき経費です。

(注)「この点については、昭和四八年六月文部省体育局『学校給食の実施に関する事務処理および指導の指針について』において、『光熱水費については学校の設置者の負担とすることが望ましいこと。』とされており、この結論には異論がないことから、光熱水費は学校給食費に含まれないと解してよいだろう。」(川 義郎「学校給食費の現状と今後の課題」、法律実務研究第25号、東京弁護士会編、二〇一〇年三月)

憲法は第二十六条で、義務教育はこれを無償とすると規定し、学校給食法は、学校給食が教育の一環であるとしています。日本のすべての子どもたちが教育としての学校給食を保障されるためにも、国が責任を持って無償化することが必要です。

給食費の無償化をはじめ、教育費負担の軽減のため、保護者・住民のみなさんや自治体労働者のみなさんとの共同を強め、とりくみをすすめていきたいと思います。

就学援助制度の現状と課題――お金のことで心配させない

全国学校事務職員制度研究会事務局　植松　直人

就学援助をめぐり学校で起きていること

二〇一四年四月、横浜市は生活保護基準引き下げに連動させ、就学援助費認定基準引き下げ三年計画を開始させました。市議会では、文科省通知（「影響がないように配慮を」という内容）にもあるように引き下げは見直すべき、との質疑がおこなわれましたが、市長も教育長も「（横浜市は）他都市と比べても遜色ない水準にある」、「（就学援助認定基準は）生活保護基準をもとに決められている」と答えるだけでした。しかし、認定基準を引き下げたのは全国千七百六十八自治体のうち、わずか四％のみ（文科省調査）でした。

ある学校からの報告です。

九月末、事務室にお母さんが訪ねてこられました。「就学援助の申請をもう一度することはできますか。収入は増えていないのに今回認めてもらえなかったので、何とかならないかと思って……」と、遠慮がちに話されました。

認定基準が下がったため認定されなかったこと、昨年度の基準ならば認定されていたことを、お母さんに伝えました。そして、今年に入ってからお父さんの給料が減らされたとか、医療費への支出が増えたとか、家計で何か変化があれば再申請できるので、何かありませんかとお話ししました。すると「これまでも大変だったので、私のパート時間を増やそうと思っているくらいなので……」と、厳しい暮らしの実感が伝えられ、返す言葉もありませんでした。

報告をいただいた学校には、この年、認定されなかった子どもが十二人おり、そのうちの六人は基準額が引き下げられなければ確実に認定される年収の家庭でした（いずれも前年度は認定されていた家庭）。消費税の増税や円安による物価高など、家計への圧迫が強まるなかでの就学援助制度からの切り捨ては、前述のお母さんのように生活に小さくない打撃を与えました。

また、「神奈川新聞」は、「就学援助977人対象外に――生活保護引き下げが影響――」（二〇一四年九月二十三日付）の見出しで、問題の深刻さを世論に喚起しました。

二〇一五年、横浜市は、引き下げが与えた影響の大きさと基準を引き下げた自治体が少数派だったことなどから、さらなる引き下げは見送り、三年計画は「据え置き」とされ、現在に至っています。

子どもたちがお金のことを心配しないで学校に通えるように、環境整備を図ることは、行政の責任です。格差、貧困の拡大が止まらないなか、すべての子どもたちの教育を受ける権利を保障するために、教育費無償の実現をめざしつつ、義務教育学校のセーフティーネットともいえる就学援助制度を充実させることは、緊急の課題です。

就学援助制度を、真に「教育を受ける権利」を保障するものに

横浜市では、横浜市教育委員会が作成した「就学援助申請のお知らせ」が全小・中学校に配送され、四月に学校を通じて、全家庭に配付されます。学校（事務室）に提出された申請書を集約し、所定の事務処理をおこない、五月上旬の締切日に間に合うように教育委員会所管課に提出します。その後、七月中旬に認定結果が各校に通知され、校長口座に振り込まれた第一期分（四～七月）の援助費を、各認定家庭への口座振込により給付される仕組みになっています（現金支給も可）。

追加の申請は、九～二月まで随時受け付けており、認定されれば、事由発生時点にさかのぼって支給されます。私の場合は、申請漏れやその後の家庭状況の変化（別居、離婚、失職など）によっては申請ができることを伝えるため、九月と一月に、学校独自の就学援助追加申請の「お知らせ」を作成し、全家庭に配付していました。

就学援助費は、年間分を三期（七月、十二月、二月）に分けて給付されています。

しかし、就学援助の取り扱い方は、各自治体によりそれぞれ異なっているのが現状です。国の制度でありながら、どうしてなのでしょう。

就学援助制度とは

文部科学省が所管する就学援助は、法律で市町村が実施するとされています（資料1）。就学援助は、義務制諸学校に児童生徒を通わせる家庭を対象に、生活保護基準に該当する「要保護者」と、市町村がそれぞれの基準で認定する「準要保護者」に対しておこなわれます。

○資料1○

〔就学援助に関連する主な法律〕

▼日本国憲法　第26条

すべて国民は、法律の定めるところにより、その能力に応じて、ひとしく教育を受ける権利を有する。②すべて国民は、法律の定めるところにより、その保護する子女に普通教育を受けさせる義務を負う。義務教育は、これを無償とする。

▼教育基本法　第4条

すべて国民は、ひとしく、その能力に応じた教育を受ける機会を与えられなければならず、人種、信条、性別、社会的身分、経済的地位又は門地によって教育上差別されない。（②略）③国及び地方公共団体は、能力があるにもかかわらず、経済的理由によって修学が困難な者に対して、奨学の措置を講じなければならない。

▼学校教育法　第19条

経済的理由によって、就学困難と認められる学齢児童又は学齢生徒の保護者に対しては、市町村は、必要な援助を与えなければならない。

▼就学困難な児童及び生徒に係る就学奨励についての国の援助に関する法律　第1条

この法律は、経済的理由によって就学困難な児童及び生徒について学用品を給与する等就学奨励を行う地方公共団体に対し、国が必要な援助を与えることとし、もって小学校及び中学校並びに中等教育学校の前期課程における義務教育の円滑な実施に資することを目的とする。

就学援助を受ける小・中学生（準要保護児童生徒）は全国で、一九九七年は七十八万人（六・六%）でしたが、二〇一二年は百三十九万人（一四・一%）になっています。県別状況を見てみると、山口が最も多い援助率の二三・八六%で、ついで大阪二三・二三%、高知二一・九二%、東京二一・一九%、福岡二〇・四五%と続きます。逆に、最も少ない県は、静岡で五・六五%、ついで栃木五・六六%、群馬六・二二%、茨城六・三七%、山形六・七六%となっています。それぞれの地域の特性の違いがあるにしても、どうしてこのように大きな差が生じているのでしょうか。

一つの要因として、国の制度でありながら、準要保護の認定基準・申請方法や給付内容などの運用は、市町村にまかせられる仕組みになっているため、市町村ごとに異なっていることがあげられます。

各市町村における就学援助に関する根拠は、教育委員会の要綱などで規定されている場合が多いため、外部の者には就学援助制度の詳しい内容を把握しづらいうえ、制度変更等の際の内容チェックも意見反映も、難しいかもしれません。「条例」として定められている市町村は、わずかなようです。
横浜市には、「横浜市学齢児童生徒就学奨励条例」及び同「施行規則」（資料2）があります。これは、昭和二十六年（一九五一年）に制定された大変古いもので、見直しが必要と思われますが、横浜市の就学援助制度の骨格を知ることができます。また「横浜市就学奨励対策審議会条例」は、教育委員会の付属機関として審議会を設置して、制度利用対象者の把握の仕方や認定基準などについての審議を行うことと定めています（資料3）。

○資料2○

〔**横浜市学齢児童生徒就学奨励条例**〕昭和26年10月5日制定　条例第49号

（目的）
第1条　この条例は、学校教育法（昭和22年法律第26号）第19条の規定により、経済的理由のため就学困難な学齢児童及び学齢生徒（以下「学齢児童等」という。）の就学を奨励することを目的とする。

（奨励金を受けることのできる者）
第2条　この条例により就学奨励金（以下「奨励金」という。）の交付を受けることのできる者は、横浜市内に居住し、市立小学校及び市立中学校に在学する学齢児童等の保護者で、生活保護法（昭和25年法律第144号）第13条の規定による教育扶助を受けていない生活困窮者とする。

（交付申請）
第3条　奨励金の交付を受けようとする者は、就学奨励金交付申請書（以下「申請書」という。）を学齢児童等の在学する学校の校長を経て教育委員会（以下「委員会」という。）に提出しなければならない。
2　前項の申請があったときは、校長は家庭の事情に関する調書を作成し申請書に添付しなければならない。
（奨励金の交付決定）
第4条　委員会は、当該申請に係る学齢児童等の学年、家庭の事情等を考慮して奨励金の交付を決定する。
（奨励金）
第5条　奨励金の額は、毎年度予算の定めるところにより、前条の手続に準じて委員会が決定する。
2　奨励金は時宜により物品を支給してこれにかえることがある。
（奨励金の交付）
第6条　奨励金は、学齢児童等の在学する学校の校長を経て交付する。
2　奨励金を交付する期間は、委員会がその交付を決定した日から毎学年の末日までとする。
（奨励金の返還）

第7条　奨励金は返還を要しない。但し、委員会において返還を要すると認めたものについてはこの限りでない。

（委任）

第8条　この条例実施のための手続その他執行について必要な事項は、委員会が定める。

＊　＊　＊

〔**横浜市学齢児童生徒就学奨励条例施行規則**〕制定　昭和26年10月5日　教委規則第7号
改正　平成元年2月4日　教委規則第4号

（目的）

第1条　横浜市学齢児童生徒就学奨励条例（昭和26年10月横浜市条例第49号。以下「条例」という。）の実施及び手続については、この規則の定めるところによる。

（保護者）

第2条　条例2条の保護者とは、学齢児童又は学齢生徒に対して親権を行う者とし、親権を行う者のないときは後見人又は後見人の職務を行う者をいう。

（交付の申請）

第3条　就学奨励金（以下「奨励金」という。）の交付を受けようとする保護者は、条例第3条に規定する就学奨励金交付申請書に、教育長が必要と認める書類を添付して、学齢児童又は学齢生徒の在学する学校の校長（以下「校長」という。）を通じて教育長に申請する。

（資格の基準及び審査）

第4条　教育長は、奨励金の交付を受けることのできる者の資格の基準を定め、前条の申請を審査する。

（審査結果の通知）
第5条　教育長は、前条の審査の結果を校長を通じて保護者に通知する。
（請求の手続）
第6条　保護者は、奨励金の交付の請求及び受領について校長に委任するものとする。
2　前項の規定により委任を受けた校長は、教育委員会事務局職員のうち教育長が適当と認める者に委任を受けた事務を復委任することができる。
（委任）
第7条　この規則の施行について必要な事項は、教育長が定める。

○資料３○

〔横浜市就学奨励対策審議会条例〕　制定　昭和39年6月10日　条例第73号
第1条　横浜市における学齢児童、生徒の就学の万全を期するため、横浜市教育委員会（以下「教育委員会」という。）の付属機関として、横浜市就学奨励対策審議会（以下「審議会」という。）を置く。
第2条　審議会は、教育委員会の諮問に応じて、前条の目的を達成するため、次の各号に掲げる事項を調査審議する。（1）経済的理由によって、就学困難と認められる学齢児童、生徒の調査方法並びに選定基準に関すること。（2）その他就学奨励対策に関すること。
2　審議会は、前項の諮問に関連する事項について、教育委員会に意見を述べることができる。

第3条から第9条（略）

＊＊＊

〔2014年度「横浜市就学奨励対策審議会」傍聴メモ（要旨）から〕

認定額を引き下げた2014年度の審議会でのやりとり

委　員：保護者等からの問合せは？

事務局：学校や教育委員会に多くのお問合せをいただいた。その内容は非認定の理由がほとんどだった。所得金額が限度額を上回っていたため認定されなかったこと、生活保護基準引き下げに伴い今年度より下がったことを丁寧に説明すると納得される方ばかりだった。7月以降問合せはほとんどなく、大きな混乱等はないと考えている。

委　員：子どもの貧困問題がある中、横浜市は中学校の給食事業が全国で唯一遅れている。給食の見通しは？

事務局：中学校昼食の検討を進め、市会でも説明をしてきている。家庭弁当を基本に考えている。

委　員：経済格差が広がる中で弁当を作ることが困難な家庭もある。困窮家庭を把握し切れているのか。把握できていないのではないか？

事務局：（就学援助制度が）きちっと運用されていかなければいけない。（把握できていると思っているが）民生委員等関係機関と連絡を取り合い、もっと努力していきたい。

認定要件について

生活保護制度のように統一した認定要件が定められていないのが、最大の特徴です。したがって、認定するための要件は、それぞれの市町村によりバラバラな状態です。

準要保護の認定要件として、客観的な数値基準を定めている市町村では、世帯収入を認定基準として、おおむね生活保護基準の一・〇倍から一・五倍の間としているところが多いようです。しかし、客観的な基準を示さず、一九六四年当時の文部省が示した基準（「保護者の職業が不安定で、生活状態が悪いと認められる者」、「学校納付金の納付状態の悪い者、昼食、被服等が悪い者または学用品、通学用品等に不自由している者等で保護者の生活状態がきわめて悪いと認められる者」）としている市町村や、「民生委員及び校長の所見による」としている市町村も見受けられるようです。

生活保護（生活扶助）基準の見直し（引き下げ）に連動させた就学援助認定基準の引き下げが問題になっているのは、右記の仕組みによるものといえます。

周知・申請方法について

文部科学省調査（二〇一三年度状況）によれば、「毎年度の進級時に学校で就学援助制度の書類を配付」あるいは「入学時に学校で就学援助制度の書類を配付」のいずれかを実施している市町村は千三百三十四（七五・四％）となっているとされています。四分の一の自治体で、書類さえ配付されていないことは重大です。

一方、就学援助受給を申請する「申請書」の配布については、後日、希望者にのみ配布している市町村が千三百三十二（七五・二%）であるのに対し、「各学校で全児童生徒もしくは保護者に配布」しているのは、三百九十一（二二・一%）市町村にとどまっています。確実に届け切る対応が、十分でないことがわかります。全児童生徒に申請書を配布している市町村のなかには、全家庭に申請書の提出をお願いし、「申請の有無」を確認する対応をし、申請漏れがないようしているところもあります。一昨年からこの全家庭からの提出方法を実施した川崎市では、申請者が増えるという結果をもたらしています。

給付内容について

国は、就学援助の給付額を定めていませんが、多くの自治体は、国が市町村へ国庫補助する項目や金額を算定する際の基準を参考にして決めています（表2-5）。しかし、それは就学援助費の給付額を定めたものではないことから、実際の給付額等は市町村がこれを参考に決めているため、違

支給額(円)
小学校：11,420 中学校：22,320
小学校：2,230 中学校：2,230
小学校：1,570 中学校：2,270
小学校：3,620 中学校：6,100
小学校：39,290 中学校：79,410
小学校：21,490 中学校：57,590
小学校 スキー：26,020 中学校 柔道：7,510 剣道：51,940 スキー：37,340
小学校：20,470 中学校：23,550
小学校：2,710 中学校：29,600
小学校：4,570 中学校：5,450
小学校：3,380 中学校：4,190
治療費
実費

表2−5　就学援助の支給内容と金額（2016年度）

		内容
1.学用品費等	学用品費等	学用品
	通学用品費等	通学用品（第1学年を除く）
	校外活動費（泊なし）	校外活動（宿泊を伴わないもの）の参加費
	校外活動費（泊あり）	校外活動（宿泊を伴うもの）の参加費
	通学費	片道児童4km以上、生徒6km以上の者の交通費　※1
	修学旅行費	修学旅行の参加費　※2
	体育実技用具費	体育の授業の実施に必要な体育実技用具 小学校：スキー用具 中学校：柔道用具・剣道用具・スキー用具
	新入生児童生徒学用品費等	新入学児童・生徒の学用品・通学用品
	クラブ活動費	クラブ活動費（部活動含む）に必要な道具で、活動を行う児童生徒全員が負担する用具、購入費、経費
	生徒会費	生徒会費、児童会費、学級費等
	PTA会費	PTA会費
2.医療費		児童生徒が学校保健安全法施行令第8条で定める疾病の治療にかかる経費 ◇トラコーマ及び結膜炎、白癬、疥癬及び膿痂疹、中耳炎、 慢性副鼻腔炎及びアデノイド、むし歯、寄生虫病（虫卵保有含む）
3.学校給食費		学校給食費

※1　市町村が支給した通学費の2分の1の額が、国庫補助限度単価
※2　市町村が支給した児童生徒一人あたりの平均支給額の2分の1の額が国庫補助限度単価
※要保護児童生徒に対する国庫補助金の予算単価。国庫補助限度単価はこの額の2分の1

いが生じているのです。

就学援助を認定しても、収入に応じて支給額に差を設けたり、給食費を一律に半額給付にしたりしている市町村も見受けられます。とくに、二〇一〇年度から生活保護費の補助費目に追加されたクラブ活動費、生徒会費、ＰＴＡ会費が、就学援助の新たな給付対象になりましたが、文部科学省調査によると、二〇一三年度の状況は「全自治体の二割程度にとどまっている」とされ、大きな問題です。いずれも、財源措置が十分にできないことが主要な原因とされています。

一方、市町村のなかには、独自の措置で卒業アルバム代、水着代、自転車通学用ヘルメット代、めがね・コンタクトレンズ購入代などの給付を充実させているところも見受けられます。

就学援助制度の改善にむけて

二〇一五年（認定基準引き下げ二年目）に、横浜市内で開かれた学習会でのことです。非認定とされた家庭のなかには、認定基準額「六百二十四円オーバー」というケースがあったことが報告され、少なくない非認定事例が、基準額引き下げ前の収入額であれば認定されていたことが明らかになりました。また、非認定家庭のうちの三分の一が前年度認定されていたひとり親世帯で、これまでにない傾向があった（いずれのケースも約一万〜四万円オーバー）との報告から、年収に就学援助支給額を加えた前年の「生計費」より減額してしまうという現象が生じていることもわかりました。「子どもの貧困対策推進法」に逆行する実態が進行してしまっている、といえます。

また、申請理由は多くの場合、「経済的に困難」というケースのため、認定は基準として定められた金額に大きく左右されます。しかし、基準額はあくまでも目安であり、生活実態も加味したものにしていく必要があります。横浜市には校長による「状況確認書」を申請書に添付できる仕組みがあることから、特に基準額のボーダーにある家庭への活用が提案されました。実例として、「三人の子どものうち高校生は特別支援級に通学しており、おむつ代等の支出があり、下の子は双子で同時期に二人分の教育費やメガネ代等の支出を必要としている」家庭があるので、もう少し詳細な内容を聞いて「状況確認書」を作成してみたい、という発言もありました。基準額引き下げにより生じた弱者の新たな困難が継続していることを、改めて認識させられました。

このように、現場で何が起こっているのかの具体的な把握が、改善の出発点であることを教えてくれます。

市町村からの案内をめぐって

就学援助がどんな方法で、どのような内容で知らされているかは、認定に大きな影響を及ぼします。市町村によって、「学校を通じて全児童生徒に配布」、「自治体の広報紙に掲載」、「自治体のホームページで案内」など、さまざまですが、まったく知らせていない市町村もあるようです。また、外国人など日本語に不慣れな家庭向けに、日本語以外の案内を作成しているなど、積極的な市町村もあります。

自治体の最低限の役割は、すべての家庭に、わかりやすい内容で制度を確実に伝える手立てを講じることです。現在、①どんな方法で知らされているか　②申請方法や給付内容、認定基準が具体的にわかるか、を視点にした改善がはかられる必要があります。文部科学省は、「市町村教育委員会は、保護者に対してこの制度の趣旨及び基準等について周知すること」と、通知しています。

認定要件はどうなっているか

全国的に、認定にあたっての主な要件とされている項目には、①児童扶養手当を受給している、②市町村民税が非課税である、③生活保護が停止または廃止になった、④生活保護基準額に一定の計数をかけた金額以下の家庭、の四つがあります。①②③は、すでに所得要件が確認されたものなので当然の項目と思われますが、文部科学省調査では、自治体の約七〇％の実施にとどまっています（二〇一三年度状況）。そして、④については、特別区一〇〇％、政令市八〇％、市八一％、町六三％、村三二％という実施状況にあります。

認定の要件として、「生活保護基準額に一定の計数をかけた金額」を用いることは、客観的な数値基準を示す点では評価できますが、次のような問題もあります。

生活保護基準額といっても、市町村に共通するきまりが設定されているわけではないため、生活扶助だけを積算するところ、教育扶助や住宅扶助を含めるところもあります。さらに、対象金額が所得なのか、収入なのか、それは保護者分のみなのか、世帯全体の合計なのかによって、大きく異なってきます。実際の困難な生活実態を反映させたものにする必要があります。

申請する側の目線に立ち、認定の目安額を世帯構成人数別に明示するなど、認定されるかどうかが伝わりやすいものとしていくことも求められています。

申請方法はどうなっているか

年度始めしか申請を認めていない市町村がある一方、中途での申請を受け付けている市町村のなかには、申請月の翌月から認定する市町村だけでなく、年度始めにさかのぼって認定するところもあります。申請書の提出先も、学校となっている市町村、教育委員会となっているところ、郵送も可能なところ、受付時間が決められているところなどさまざまです。保護者が不定期、不安定な仕事などに就かれているケースが増えているなか、いずれの場合も仕事を休まなくても利用しやすいものにしていく必要があります。

通常、申請書には認定に必要となる添付書類が求められます。その場合、保護者が証明書を取得するため役所に出向かなければなりませんが、自治体内のシステムで所得等の確認をおこない、証明書は不要で申請書のみでいい、とする市町村もあります。また申請にあたり、民生委員の署名を要件としている市町村もあるようですが、文部科学省は、すでに必須とはしていません。

大切なのは、申請を躊躇させるような要因を排除し、利用しやすいものにしていくことです。

給付内容はどうなっているか

二〇〇五年度に準要保護に対する国庫補助は廃止されましたが、少なくとも国庫補助基準の項目と金額に見合う内容にさせていく必要があります。財政的な問題を理由に認定基準の改悪とともに、給付内容の制限が多様なかたちですすめられています。他方、独自措置をおこなっている市町村もありますので、実態をしっかり確認していくことも大切なことです。

また、新たな財源を必要としない制度改善のとりくみをすすめているところもあります。「新入学準備金」の入学前支給のとりくみです。新潟市では、この三月から小学六年生の準要保護児童に、中学校入学後に支給していた「新入学準備金」を支給することとし、実施されました。福岡市、青森市では、すでに実施されています。

福岡市のケースを、教育専門紙「内外教育」（二〇一五年一月二十日号）掲載記事（要旨）から見てみます。

「福岡市教委は小中学校に入学する子どもを対象に支給する就学援助の入学準備金について、今年度から入学前の3月に前倒しで支給することを決めた。これまでは入学後に支給していたが、学用品購入など子育て世帯の支出がかさむ時期に配慮した。……従来は入学後の4月から申請を受け付け、7月以降に支給していた。しかし、議会で議員から指摘があったほか、保護者らからも前倒しを求める声が寄せられていたという。……教育支援課の担当者は『貧困対策が重要になる中で、できるだけ保護者の状況に配慮して、学校教育がスムーズに進むように図っていきたい』と説明している。」

制度の根幹にかかわること

就学援助制度を充実したものにしていくためには、国による財政保障が欠かせません。市町村の就学援助のとりくみを後押しするには、財政的な裏づけをはかることが不可欠だからです。

小泉内閣による三位一体改革により、二〇〇五年度に準要保護に対する国庫補助が廃止され、一般財源化されました。これにより、国庫補助金が要保護に対するものだけになり、約百四十四億円あったものが、約六億円までに大きく削減されてしまいました。当時、国は「準要保護に対する国庫補助金を廃止しても、地方交付税を算定する際の基準財政需要額に算入しているので、準要保護者に対する就学援助事業について、適切に実施すること」と、市町村に通知しています。しかし、二〇〇七年度の実態は、市町村が給付した就学援助費総額九百二十一億円に対し、地方財政措置額は二百八十九億円で、国庫補助を含めても、国の財政措置分は市町村が給付した就学援助額の三一・四％にすぎませんでした。このような状況が今日まで続き、市町村の財政を圧迫しているのです。

就学援助制度充実のためには、準要保護への国庫補助を復活させ、就学援助認定状況に合わせた国庫補助予算の額の大幅な増額、地方交付税の積算単価の引き上げが必要です。また、給付額についても、子どもたちが過ごす学校生活の実態にあった水準に引き上げていくことが検討されなければなりません。

就学援助制度の制定過程の検討をおこなった研究者は、次のように述べています。

「……もともと義務教育無償の『第一歩』として始まった就学援助制度は、度重なる改正の中で、『第一歩』認識が消滅し、就学奨励法が成立した時点では、就学困難な児童生徒への『恩典』の一種ととらえられるに至った」（大阪経大論集第58巻第1号「就学援助制度の再検討（1）」藤澤宏樹）

就学援助制度は、義務教育無償と一体的に考えていく必要があると、あらためて認識したいと思います。給食費を無償にする自治体も少しずつ増えています。教材費の一部を公費化する動きもあります。どの子も、お金のことを心配しないで通える学校であるために、要件を満たせば誰もが気軽に利用できる就学援助制度をめざしましょう。

子ども医療費無料化制度——貧困が広がるなかでの重要性と課題

全国保険医団体連合会事務局次長　滝本　博史

自治体による子ども医療助成制度拡充の到達点

二〇〇一年五月に、「乳幼児医療費無料制度を国に求める全国ネットワーク」（略称：乳幼児医療全国ネット）を結成して、十五年が経過しました。

これまでのとりくみによって、国による医療費無料制度創設を求める「請願署名」は、目標であった百万筆を突破し、百五十万筆に達しました。また、国による乳幼児医療費無料制度創設を求める「自治体意見書」を採択した地方議会数は、四十二都道府県議会（四十七議会中八九・四％）、七百五十二市区町村議会（東京特別区を含む千七百四十一議会中四三％）に達しました。さらに、国による乳幼児医療費無料制度創設への賛同も与野党の国会議員に広がりました。

就学前までの医療費無料化を求める声が広がるなかで、国は、二〇〇二年から医療保険における三歳未満児の窓口負担を二割に軽減し、二〇〇八年四月からは、就学前まで二割負担に軽減しました。

表2−6　市区町村子ども医療助成制度の対象年齢

	入院外		入院	
	2001年4月	2015年4月	2001年4月	2015年4月
0歳〜3歳未満	1,685 (51.86%)	10 (0.57%)	869 (26.75%)	—
3歳〜4歳未満	431 (13.27%)		280 (8.62%)	—
4歳〜5歳未満	184 (5.66%)	—	132 (4.06%)	—
5歳〜6歳未満	298 (9.17%)	—	740 (22.78%)	—
6歳年度末 (就学前)	597 (18.37%)	259 (14.88%)	1,131 (34.81%)	63 (3.62%)
7歳年度末〜 14歳年度末	34 (1.05%)	204 (11.72%)	39 (1.20%)	189 (10.86%)
15歳年度末 (中学卒業)	19 (0.58%)	996 (57.21%)	57 (1.75%)	1,200 (68.93%)
16歳年度末〜 17歳年度末	—	2 (0.11%)	—	2 (0.11%)
18歳年度末 (高校卒業)	1 (0.03%)	269 (15.45%)	1 (0.03%)	286 (16.43%)
22歳年度末	—	1 (0.06%)	—	1 (0.06%)
合計	3,249 (100%)	1,741 (100%)	3,249 (100%)	1,741 (100%)

※四捨五入のため、合計が100％にならない場合がある
出所）厚労省「乳幼児等に係る医療費の援助についての調査」より作成

これによって、全国どこでも就学前までは、少なくとも二割負担に軽減され、子ども医療費助成制度をおこなっている自治体はその負担が軽減された結果、自治体の助成制度を拡充することができました。

二〇一六年六月に厚生労働省が発表した「乳幼児等に係る医療費の援助についての調査」（表2-6）によると、助成対象を「就学前」以上とする市区町村は、外来で二〇〇一年四月の二〇・〇四％から二〇一五年四月には九九・四三％に拡大。二〇〇一年四月に三七・八％だった入院は二〇一二年以降一〇〇％となっています。また、二〇一五年四月現在で十八歳年度末（以上を含む）を対象にする市区町村は、入院外で二百七十、入院では二百八十七になっています。

さらに、二〇一四年から二〇一五年の一年間で、所得制限なしの市町村は二十九増えて八〇・五三％に、また、一部自己負担なし（窓口負担ゼロ）の市町村も四十四増え、六割近くになりました（表2-7）。

表2−7　市区町村制度の所得制限・一部負担

	所得制限		一部自己負担	
	2014年4月	2015年4月	2014年4月	2015年4月
有	369 (21.18%)	339【−30】 (19.47%)	756 (43.40%)	711【−45】 (40.84%)
なし	1,373 (78.82%)	1,402【+29】 (80.53%)	986 (56.60%)	1,030【+44】 (59.16%)
合計	1,742	1,741	1,742	1,741

※【　】内は前年比
出所）厚労省「乳幼児等に係る医療費の援助についての調査」より作成

表2−8　都道府県による子ども医療費助成制度の対象年齢

	入院外		入院	
	2001年4月	2015年4月	2001年4月	2015年4月
1歳未満	7	—	—	—
2歳未満	1	—	—	—
3歳未満	28	2	19	—
4歳未満	4	4	4	1
5歳未満	3	1	4	—
6歳未満	2	—	7	—
就学前まで	2	25	12	22
小学校3年まで	—	3	—	1
小学校卒業まで	—	6	—	8
中学校卒業まで	—	5	1	14
18歳年度末まで	—	1	—	1

出所）厚労省「乳幼児等に係る医療費の援助についての調査」より作成

表2―9　都道府県による子ども医療費助成制度の所得制限、一部自己負担、助成方法

	所得制限		一部自己負担		助成方法		
	有	なし	有	なし	現物給付	償還払い	混在
入院外	30	17	39	8	23	9	15
入院	29	18					

※助成方法は、全国保険医団体連合会調べ
　現物給付＝医療機関の窓口で助成費用を負担しなくて良い制度
　償還払い＝医療機関の窓口で2割または3割を払い、後日返金を受ける制度
　混在　　＝市町村や年齢などによって、現物給付と償還払いが混在
出所）所得制限、一部自己負担は、厚労省「乳幼児等に係る医療費の援助についての調査」より作成

都道府県による助成制度の対象年齢も、大幅に拡充してきました（表2-8）。

しかし、その一方で自治体間における助成格差があります。十八歳まで助成する自治体は増加しましたが、四歳未満しか助成していない自治体もあります。また、所得制限や一部自己負担を導入している市町村もあります。さらには、「現物給付」（医療機関の窓口で負担しなくてよい制度）で助成をおこなう市町村国保には、国庫負担を減額するペナルティ（参考：本書第三章「子ども医療費無料化をめぐる国会での論戦」、二一九ページ）があるため、二割または三割分を医療機関の窓口で一度負担して後日返金を受ける「償還払い（療養費払い）制度」としている自治体が少なくありません（表2-9）。

こうしたことから、乳幼児医療全国ネットでは、運動の目標を、①中学卒業までをめざし、当面、就学前までの国の医療費無料制度を早期に創設させること、②子ども医療費助成を現物給付にした市町村の国民健康保険（国保）国庫補助金の削減（ペナルティ）を廃止することとし、昨年十二月に「子ども医療費無料制度を国に求める全国ネットワーク（略称「子ども医療全国ネット」）」に改組し、改めて署名や自治体意見書採択のとりくみをおこなっています。

貧困と格差拡大のなかで、子どもの健康が危機に

二〇一六年五月十日に総務省統計局が発表した同年一～三月期労働力調査によると、雇用労働者（役員を除く）五千三百三十二万人のうち、非正規労働者は三七・六％（二千七万人）で、完全失業者は二百十三万人という高水準です。実質賃金も五年連続のマイナスで、働いているのに年収二百万円未満の「ワーキングプア」は千百万人を超えています。二〇一二年の「相対的貧困率」は一六・一％で、「子どもの貧困率」は先進国で最悪水準の一六・三％にもなっています。

表2―10　保団連会員受診実態調査

①過去半年間で、経済的理由による受診中断があったかどうか

	あった	なかった	不明	未記入
医科の全診療所	34.9%	30.9%	33.1%	1.1%
（小児科）	（7.8%）	（62.1%）	（29.8%）	（0.3%）
歯科の全診療所	51.7%	19.2%	28.3%	0.8%

②過去半年間で、経済的理由で
検査や治療、投薬を断られたことがあったかどうか

	あった	なかった	不明	未記入
医科の全診療所	47.0%	37.9%	12.8%	2.3%
（小児科）	（13.3%）	（76.7%）	（7.4%）	（2.6%）
歯科の全診療所	35.3%	43.9%	18.4%	2.3%

※2015年11月～2016年1月実施
※回答医療機関数　医科（6,172診療所）、歯科（4,242診療所）

こうしたなか、全国保険医団体連合会が一五年十一月から一六年一月に会員医療機関を対象に実施した受診実態調査（表2-10）では、「経済的理由による受診中断があった」との回答が、医科診療所で三四・九％、歯科診療所で五一・

表2−11　学校歯科健診後の受診実態調査

		小学校	中学校	不明	合計	口腔崩壊把握校
岩手（2013年度）	歯科健診者数	31,610	19,441	—	51,051	小学校81／189（42.9%） 中学校31／93（33.3%）
	要歯科受診	11,485	4,901	—	16,386	
	歯科受診数	6,117	1,520	—	7,637	
	受診割合	53.3%	31.0%	—	46.6%	
宮城（2013年度）	歯科健診者数	60,611	24,680	—	85,291	小学校121/224（54.0%） 中学校62/99（62.6%）
	要歯科受診	25,199	8,269	—	33,468	
	歯科受診数	12,706	2,796	—	15,502	
	受診割合	50.4%	33.8%	—	46.3%	
長野（2012年度）	歯科健診者数	60,770	35,714	1,989	98,473	小学校97／203（47.8%） 中学校43／110（39.1%）
	要歯科受診	20,787	9,125	817	30,729	
	歯科受診数	11,888	3,431	487	15,806	
	受診割合	57.2%	37.6%	59.6%	51.4%	
大阪（2013年度）	歯科健診者数	102,995	45,387	—	148,382	小学校132／246（53.7%） 中学校54／98（55.1%）%
	要歯科受診	37,619	16,630	—	54,249	
	歯科受診数	17,953	5,020	—	22,973	
	受診割合	47.7%	30.2%	—	42.3%	

※岩手･大阪･宮城･長野の各保険医協会調べ

七％にものぼりました。

また、「経済的理由で検査や治療、投薬を断られたことがあった」との回答も、医科診療所で四七％、歯科診療所で三五・三％でした。調査では、貧困と格差拡大のなかで必要な受診ができていない実態が明らかとなりました。

なお、小児科では「経済的理由による受診中断があった」との回答が七・八％、「経済的理由で検査や治療、投薬を断られたことがあった」との回答が一三・三％でした。子ども医療費助成制度の広がりもあって、全体に比べれば受診抑制は少ないですが、すべての自治体ですべての子どもが無料であれば、こうした受診抑制は発生しなかったでしょう。

心身の発達期における子どもに、経済的理由による受診抑制が発生することは、絶対にあってはならないものです。

一方、岩手・宮城・長野・大阪の各保険医協会では、小学校・中学校を対象に学校歯科検診後の歯科受診実態調査（表2-11）を実施しました。これによると、歯科受診が必要と言われた小学生の四七・七％～五七・二％しか歯科受診をしておらず、中学生では三〇・二％～三七・六％しか歯科受診をしていないことがわかりました。また、虫歯が十本以上あるなどの「口腔崩壊」と呼ばれる状態の子どもの有無を尋ねたところ、四二・九％～五四％の小学校、三三・三％～六二・六％の中学校で「口腔崩壊の子どもがいる」との回答がありました。

虫歯の初期の段階からしっかりと治療をすることが、歯を健康に保つためには必要です。調査をおこなった保険医協会では、受診率の低さの要因の一つに、医療機関の窓口での負担をあげています。

直ちに実施すべき二つの課題

一、国保国庫負担削減のペナルティ廃止を

現物給付をおこなっている市町村国保に対する国庫補助金の削減廃止を求める声を受けて、塩崎

厚生労働大臣は今年の春に結論を出す考えを表明し、今年三月二十八日に発表された「子どもの医療制度の在り方等に関する検討会」の議論のとりまとめでは、「『一億総活躍社会』に向けて政府全体として少子化対策を推進する中で、地方自治体の取組を支援する観点から、早急に見直すべきとの意見が大勢を占めた」と記述されていました。

ところが、安倍内閣の「一億総活躍プラン」では、ペナルティの廃止について「見直しを含め検討し、年末までに結論を出す」との表現にとどまりました。

この背景には、財界や財務省による社会保障費削減の姿勢があります。これを代弁しているのが、二〇一六年四月十二日付の日本経済新聞社説「子どもの医療費減免に基準を」です。

社説では、子どもの医療費助成について「政策の見直しによって負担能力のある世帯まで含め一律に幅広く無料にするような形が広がるのは望ましくない。本当は必要がない受診まで誘発して医療費が膨らむ」とし、「ペナルティー制度の見直しはこれらの懸念を踏まえ、慎重に検討を進めてほしい」と述べています。

しかし、何をもって「必要がない受診」と述べているのか、社説では何も触れておらず、まったく無責任です。

現物給付の場合に市町村国保の国庫負担を削減する理由について、昨年九月二日に開催された「第一回子どもの医療制度の在り方等に関する検討会」で厚労省保険局総務課の大島課長は、「一部負担金が法定割合より軽減される場合、一般的に医療費が増嵩《ぞうすう》するが、この波及増分については、その性格上、当該自治体が負担するものとされ、国庫の公平な配分という観点から、減額調整をしている」と説明しました。社説は、この論旨と同じ主張です。

国庫負担の減額調整は、二割負担の未就学児を無料にした場合は〇・八六一一に減額、三割負担の子どもを無料にした場合は、国庫負担を〇・八四二七に減額します。この数字の元になっているのは「長瀬指数」ですが、そもそも長瀬指数は、医療費が無料の時を一とし、患者負担割合が増えると医療費がどれだけ逓減するかを示したものです。

窓口負担を無料にすれば、経済的負担によって発生した受診抑制がなくなります。したがって、自治体が窓口負担を軽減した場合を「波及増」とか、「必要がない受診まで誘発」と主張することは、まったくの詭弁《きべん》です。

なお、市町村国保に対する国庫補助金の削減がおこなわれるのは、「現物給付」で助成している市町村だけです。このため、「償還払い（療養費払い）」としている市町村が少なくありませんが、このことはたとえ後から返金される「償還払い（療養費払い）」であっても、受診抑制が発生することを政府自ら認めていることに他なりません。

ペナルティが廃止されれば、すべての自治体で現物給付化が可能となり、対象年齢拡大など、さらなる対策が可能になります。国保国庫負担減額のペナルティを直ちに廃止すべきです。

二、国による子ども医療無料化の制度創設を

国が子ども医療費無料化に責任を持てば、日本経済新聞が社説で危惧する「今後も自治体が無料化競争に走るようなこと」はなくなります。

子どもに限らず受診抑制があってはならないと思いますが、心身の成長期にある子どもに受診抑制が発生すれば、将来にわたって取り返しのつかない事態になってしまいかねません。また、どの家庭に生まれても必要な医療が受けられるようにすべきであり、そのためには国による医療費無料化が必要です。

児童福祉法では十八歳未満を児童とし、第二条で「国及び地方公共団体は、児童の保護者とともに、児童を心身ともに健やかに育成する責任を負う」と規定していますので、本来は十八歳までの医療費を国の責任で無料にすべきと考えます。

二〇一六年二月二十五日に開催された第四回「子どもの医療費制度の在り方に関する検討会」資料によると、高校卒業までの窓口負担を無料にするために必要な財源は年間八百千四百億円と試算されており、日本共産党が参議院選挙政策で示した「富裕層の株式配当・譲渡所得への課税強化（一兆円）」で十分にまかなえる数字です。

二〇〇九年十月から群馬県では、十五歳まで所得制限無しで外来・入院の窓口負担を無料にしていますが、二〇一二年五月の定例県議会で健康福祉部長は、「早期の受診による重症化の防止に役立っておるのではないか」、「小中学生の虫歯の治癒率でございますが、この拡大前は全国平均と同じような水準でございました。一方拡大後は全国平均を大きく五から十ポイントぐらい上回って治癒率が向上してございまして、子どものときから歯を健康な状態に保つことは生涯にわたる健康にとってもとても大切なことでありまして、ひいては医療費の抑制につながるものかなというふうに考えてございます」と、答弁しています。群馬県知事も議会で、「子どもの医療費無料化は活力ある豊かな社会を築くための未来への投資」と、答弁しています。

どこに住んでいても医療を受ける格差があってはなりません。子ども医療費無料化は、本来国がおこなうべきです。

子どもを安心して産み、育てられる社会に

小児医療をめぐる環境の改善を

子ども医療をめぐる問題として、先の日経新聞社説では、「医療現場が混雑したり、疲弊したりして、必要なときに十分な医療が受けられなくなる恐れもある」と指摘しています。これについては検証が必要ですが、すくなくとも子ども医療費が無料か否かとは別に解決すべき課題です。

おとなと違って子どもは、受診が必要かどうかをみずから判断することはできません。病気の当事者でない親が判断しなければならないのですが、どんな場合に緊急受診をすべきかどうかの判断は、難しいです。

群馬県では、「子ども救急電話相談」の開設と宣伝などにもとりくみ、安心して治療が受けられる環境を整えています。こうしたとりくみは、子どもの病気に対する不安を解決することにもなり、全国で実施されることが、必要です。

同時に重要なことは、小児科医を増やし、小児科医の処遇を改善することです。そのためには、長年にわたって引き下げられてきた診療報酬の引き上げが重要です。

子ども医療費無料化、雇用の改善、教育負担の軽減を

ドイツ・イギリス・イタリア・カナダ・スウェーデンでは子どもの医療費は、無料（自己負担免除）です。

ＯＥＣＤ報告書（訳書『世界の社会政策の動向』、二〇〇五年六月刊）では、子どもの直接費用の減少（子どもを持っても所得が減らない措置等）などの四つの条件が出生率に影響しており、これらの条件が高い水準に達している上位国レベルでの施策が日本で実施された場合には、日本の合計特殊出生率は約二・〇まで増加すると指摘しています。

実際に、団塊ジュニア世代が出産ピークから外れる二〇〇九年以降には合計特殊出生率の低下が予測されましたが、子ども医療費無料化の拡大や子ども手当の創設、公立高校授業料無償化等のとりくみによって、若干ですが改善が見受けられました。

しかし、非正規労働や正社員であっても賃金が削減されるなど、雇用状態の改善が進まず、子ども手当が実質的に廃止されるなど、子ども・子育て政策が先行き不透明となるなかで昨年発表された二〇一五年の合計特殊出生率は一・四六であり、人口を維持するのに必要な合計特殊出生率（二・〇八）への回復や、政府が掲げる希望出生率（一・八）を、大きく下回るものでした。

雇用を改善するとともに、医療費の窓口負担をなくし、教育負担を軽減するなど、子育ての条件を整えることが、ますます重要になっています。

児童養護施設・児童相談所の現状と課題

日本共産党政策委員会　秋山　千尋

児童養護施設――入所理由のトップは虐待

児童養護施設、乳児院、情緒障害児短期治療施設、母子生活支援施設、自立支援ホームなどの施設と里親やファミリーホームを総称して社会的養護と呼びますが、それらで生活している子どもたちは全国で四万六千人です。貧困と格差のひろがりや虐待問題がクローズアップされるなかで、社会的養護の問題にも光が少しずつあてられるようになっています。

児童養護施設は、児童相談所長の判断にもとづき、都道府県知事が入所措置を決定し、措置費等は国と都道府県で二分の一ずつ負担します。児童養護施設は全国に六百一カ所あり、一歳から原則十八歳（生活が不安定などの場合は二十歳まで）の子どもたちが二万八千百八十三人入所（二〇一四年十月一日現在）しています。

日本の子どもの相対的貧困率は一六・三％（一二年度）にのぼります。これを人口分布にあてはめると、〇〜十七歳人口では、約三百二十八万人に相当することになります。つまり、貧困の子どもたちの約一％の子どもが、児童養護施設に入所していることになります。

一四年度、児童相談所に約八万九千件の児童虐待が通告され、九〇年の調査開始以来、初めて八万件をこえました。虐待によって死亡する子どもは、年に六十九人（厚労省が把握した一三年度の数値）にものぼり、日本小児学会は、十五歳未満の子どもの虐待死は、実際には年約三百五十人にもなるという推計をしています（一六年四月発表）。

児童養護施設の子どもたちの入所理由も、虐待（放任・怠惰、酷使、棄児、養育拒否）がもっとも多く、三八％（一三年、児童養護施設入所児童等調査）を占め、次に親の精神疾患、経済・就労問題と続きます。

貧困対策をよりひろい視野で

首都大学教授の阿部彩氏は、「子どもの貧困のピラミッド（図2-6）の上にいけばいくほど貧困世帯の抱える問題は複合的となり、より『貧困』（すなわち金銭的な資源の欠如による困窮）のみならず……親及び子どもの精神疾患や、アルコールやギャンブルへの依存、親および子の障害……家庭環境の崩壊などが同時に発生している可能性がある」、「……貧困層においてこれらの問題が非貧困層に比べて顕著に発生しているという事実は、貧困が問題視すべきリスク要因であるという可能性を高めている。そしてこれを突き詰めれば、貧困対策の対象をより広い裾野を含めて検討する必要がある」と指摘しています（『世界の児童と母性』七十九号、一五年十月）。

「一億総活躍プラン」でも言及しているが……

施設の子どもたちの一四年度の高校入学の割合は九五・四%であり、全中卒者九八・四%とくらべて、その差は約三%にまで縮まっています（一三年度に中学を卒業した児童の一四年五月現在の進路、「社会的養護の現況に関する調査」）。しかし、研究者と神奈川県児童福祉施設職員研究会調査研究委員会がおこなった退所者の進路調査（一三年）から算出すれば、施設退所者の高校中退率は約一七・二%で、社会全体の中退率の約十倍となっています。

図2―6　子どものの貧困ピラミッド

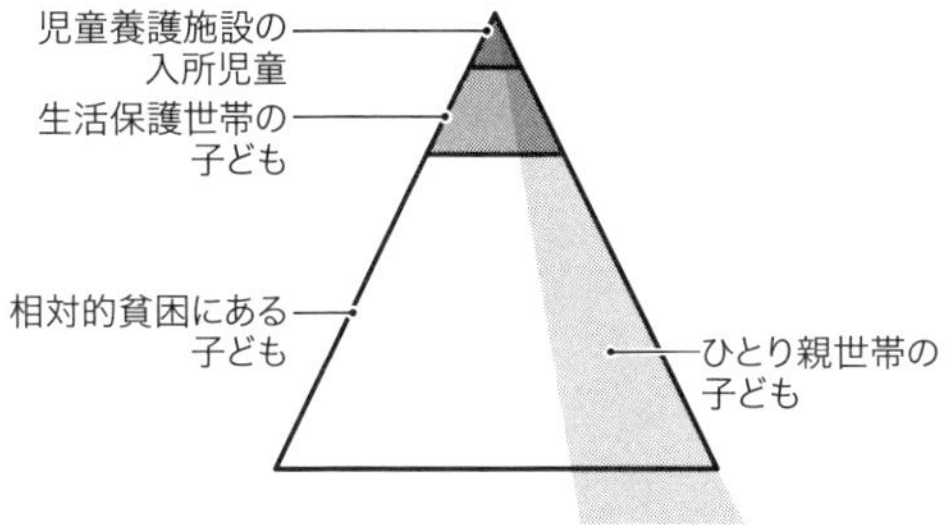

○児童養護施般の入所児童数／約3万人（2012）※1
○生活保護世帯に属する子ども／約30万人（2011）※2
○児童扶養手当を受給する世帯数／約110万世帯※3
○ひとり親世帯数／母子124万世帯・父子22万世帯※4
○相対的貧困の世帯に属する子ども（17歳以下）数／328万人

※1〜3　国立社会保障・人口問題研究所「社会保障統計年報」（※1/2012年度　※2/2011年7月　※3/2013年度末）
※4　2011年厚生労働省「平成23年度全国母子世帯等調査」
出所）阿部彩「子どもの貧困とは何か」、『世界の児童と母性』第79号〈15年10月〉から

退所者の有業率は高く、雇用形態は、東京都をのぞき、一般の若者より退所者の非正規雇用率は低くなっています。退所直後につく職業は、飲食、工場関係が多く、調査で最終確認のとれた現在の職業では、「職業不明」が最多になり、退所直後と比較し、現在の状況は無職、生活保護、水商売が増加しています。

保護者に頼れない子どもは、高校卒業を機に施設を出て、学費と生活費をまかなう

ため、懸命にアルバイトをして蓄えます。自治体のなかには、独自の奨学金を整備したり、安価な住まいを提供するところも出てきましたが、国が給付制奨学金制度をはじめ、もっとも困難な子どもたちに手を差し伸べてこなかったことの責任は重大です。

一六年五月に発表された政府の「一億総活躍プラン」では、児童養護施設や里親のもとで育った子の進学支援のため、家賃と生活費相当（月額五万円）を〝貸し付ける〟新たな「自立支援」制度を創設したことにふれています。

安倍首相は同年三月二十九日、予算の成立を受けた記者会見で「……返済がいらなくなる給付型の支援によってしっかりと手をさしのべてまいります」と語ったことで、「給付型奨学金を創設」と報道されました。しかし、実は前記の「自立支援」制度のことをさしていることが、四月五日の宮本岳志衆院議員の財務金融委員会の質疑であきらかになっています。

卒業後五年間仕事を続ければ返還免除になりますが、不安定な働かされ方がはびこるいまの時代、若者たち全体が仕事を継続することが難しくなっており、条件なしで〝支給〟するべきです。

施設の小規模化の推進

国連は〇九年、「特に三歳未満の子どもの代替的養護は家庭を基本とした環境で提供されるべきだ」との指針を決定し、日本政府も賛同して一一年に「社会的養護の課題と将来像の実現に向けて」というガイドラインを作成しました。

表2—12　社会的養護が必要な児童の受入れ先の現状と計画状況（全国計）

	2015年度（4月1日実績）	2019年度（計画）	2024年度（計画）	2029年度（計画）
本体施設入所児童の割合	76.40%	68.20%	58.10%	47.20%
グループホーム入所児童の割合	7.90%	11.40%	16.90%	23.30%
里親・ファミリーホームへの委託児童の割合	15.80%	20.40%	25.00%	29.50%
合計	100.00%	100.00%	100.00%	100.00%

※「本体施設」とは、児童養護施設、乳児院のうちグループホームをのぞく部分
※「グループホーム」とは、地域の民間住宅等を活用して本体施設の敷地外で家庭的養護をおこなう小規模グループケア（分園型）および地域小規模児童養護施設
※四捨五入のため、合計が100%にならない場合がある
※児童養護施設等の小規模化及び里親等への委託を推進するために各都道府県が定める「都道府県推進計画」の内容等に関する調査（2015年9月末日現在）の結果（69自治体〈47都道府県、20指定都市、2児童相談所設置市〉の全自治体から回答をえた）による。厚労省はこの結果について、それぞれ「概ね1／3」という目標が未達成となりかねないため、よりいっそうのとりくみを自治体に求めている
出所）厚労省資料から

それにもとづき、一五年度を始期として、都道府県・指定都市・児童相談所設置市が、二九年度までに本体施設（児童養護施設、乳児院のうちグループホームを除く部分）入所児童、グループホーム入所児童、里親・ファミリーホームへの委託児童の割合を概ね三分の一ずつにしていくことを目標とした「都道府県推進計画」の策定がすすめられています。

五年ごとに目標設定し、五年ごとの末期に目標を見直します。調査対象の六十九自治体のうち、六十二自治体が都道府県推進計画を策定しています（一五年九月現在）が、まだグループホームと里親・ファミリーホームの割合が少なく、最終年度でも目標は達成できない見込みです（表2-12）。

里親・ファミリーホーム

里親制度は、実の親に親権は残したまま、養育を託します。実の親の〝子どもが里親になついて心が離れてしまうのではないか〟などの不安もあって、里親への委託

はなかなかすすんでいません。

先進的な事例では、大分県では中学校区に一里親家庭を目標に、〇五年から里親制度説明会を市町村で継続的に開催してきました。乳児院や児童養護施設と連携し、施設職員が里親研修に参加して制度の理解を高めたり、児童相談所の里親専任職員の配置などをおこなってきました。

こうしたとりくみをふまえて、国は一二年度から児童養護施設と乳児院に里親支援員を設置し、児相の里親担当職員などとともに、里親支援をおこなうことを位置づけています。

〇九年に制度化したファミリーホーム（小規模住居型児童養育事業）は、里親の規模を大きくした制度で、多くは里親経験者が補助者といっしょに五～六人の子どもたちと暮らします。貸家による運営の場合、一二年度から賃貸料が措置費に算定されています。都道府県や政令市から措置費の監査を受けるためには事務処理も必要です。児童養護施設などが開設することも可能ですが、まだまだ社会的には知られていません。拡充が求められます。

職員の配置・処遇改善と措置費の引き上げを

全国児童養護施設協議会（以下、全養協）では、かねてより、児童養護施設における人員配置基準について、〇歳および一歳児の子ども一・六人にたいして職員一人、二歳児二人にたいし一人の職員という現在の基準を、〇～二歳児の子ども一人につき職員一人へ、また三歳児以上の幼児は、子ども四人にたいし一人の職員という現在の基準から、子ども二人にたいし職員一人に、さらに、小学生以上五・五人にたいし職員一人という基準を、子ども三人にたいし職員一人にすることを要望しています。

そして措置費を引き上げ、個別対応職員、家庭支援専門相談員の複数配置、心理療法担当職員や里親支援専門相談員の全施設配置も要望しています。小規模化にはケアの質の高さが求められており、配置基準の改善なしには実現しません。

さらに、前述した「都道府県推進計画」をたずねた調査のなかで、自治体がグループホームを推進していくための課題としてもっとも多くあげたのは、「職員の確保及び育成」でした。野党が一六年三月の国会で提案した保育士などの処遇改善法案では、児童養護施設などの職員などもふくまれています。

同法案は、全産業より十万円以上も低い給与を五万円引き上げるものですが、社会的養護にかかわる職員を確保するためには、給与をさらに引き上げる抜本的な待遇改善も必要です。

アフターケアの重要さ

アフターケアとは、施設を退所した子どもたちにたいする相談支援のことです。児童福祉法では、児童養護施設が退所者への援助も目的とした機関であることを定めています。しかし、施設には迷惑をかけたくないという思いや、仕事をやめてしまうと施設と連絡がとれなくなってしまうことも多く、とくに女性は過酷な労働環境や職業選択の少なさから、性産業に入ってしまうケースもめずらしくないといいます。

施設以外で退所者が孤立しないような居場所づくりが切実に求められていることが、アフターケア事業者から指摘されています。

社福法人などに委託されている退所児童等アフターケア事業（国と都道府県二分の一ずつ負担）が五年前からはじまっていますが、一五年度の国の予算は二十七カ所分で、あまりにも少なすぎます。

東京都では一二年度から、すべての児童養護施設にリービングケア（退所準備ケア。入所施設から自立に向けた準備のとりくみ）とアフターケアを担う自立支援コーディネーターの常勤配置化で、日常生活支援の施設職員（ケアワーカー）とは完全に独立して、進学や就職に向けてのサポートや退所後の生活支援に専念しています。

また、一三年度からは、都内六カ所の自立援助ホームに児童福祉の実務経験者が就労支援のジョブトレーナーとして配置されています。こうしたとりくみが全国にひろがるよう、国の財政措置を求めます。

児童相談所——市区町村との役割分担の明確化

児童相談所（児相）は全国に二百九カ所あります。都道府県、政令市のほか、〇六年からは中核市にも設置できるようになり、金沢市、横須賀市の二市にあります。非行、障害など子育て相談にのる、児相に併設されている一時保護所で緊急かつ生活指導が必要な子を保護するなどの業務のほか、子どもの虐待対応の中核的かつ法的権限をもつ強力な機関としての役割があります。

児相は虐待通告四十八時間以内に子どもの安全確認をしなければならず、子どもの安全のために分離保護といった強制的な枠組みで保護者と対峙する一方で、親子関係を修復し保護者に寄り添って支援をおこなうという、質的に異なる役割を同時に求められてきました。

虐待対応の増加で、児相が「対応の限界」にきているという認識のもと、国と都道府県と市町村の役割を明確にすることなどを中心にした「提言」（社会保障審議会児童部会「新たな子どもの家庭福祉のあり方に関する専門委員会報告」）が一六年三月にまとめられました。その提言を経て、先の国会で児童福祉法改正案が提出され、全会一致で可決されました（一七年四月一日施行、一部一六年十月一日施行）。

今回の法改正では、児相の業務について抜本的に改革する「提言」の中身は、法施行後二年以内の検討課題になっていますが、市区町村が在宅や身近な場所における相談支援をおこない、児相は、より専門的な知識・技術が必要とされている広域的な対応をすることが明文化されました。

現在、虐待の通報や相談は、市区町村にも児相にも寄せられます。市区町村が児相に事案送致できても、逆の場合は想定されてきませんでした。それが、児相と市区町村双方が事案送致できるようになり、継続的な支援が必要な場合は、虐待であっても市区町村が対応することになります。

厚労省は、児相か自治体どちらが担当するかの振り分けのためにアセスメントツールをつくって、地域ごとに分担をきめる構想であることが、国会の質疑であきらかになっています（一六年五月十八日、衆議院厚労委員会、堀内照文議員の質疑）。

専門性のある職員の不足

市区町村の役割がいま以上に重く、専門的な対応が求められてくるようになりますが、虐待通報なども受けてきた児童家庭相談業務の相談窓口職員数にしめる児童福祉司および同様の資格を持つ専門性のある職員は、一二・九％しかいません。相談窓口職員のうち正規職員が六六・三％で、非正規職員は三三・七％です。しかも正規率が高い自治体ほど他部署と兼任しており、非正規率が高いほど専任が多くなるという傾向です。

児相も、児童福祉司は人口百七十万人につき三十六人配置できるという一六年度より導入された算定基準について、三十九人配置に引き上げられるよう、国は地方交付税を増額しました。

しかし、一三年度の児童福祉司の虐待事例の受け持ち件数は一人につき百九件であり、虐待相談件数の増え方に児童福祉司の増員がまったく追いついていません。増員されても、経験二年目の職員が新規職員の指導をおこなう、ベテラン職員は困難ケースや困難地区を担当していて指導できないなどの現状があります。

海外では、ロサンゼルスは人口八百七十万人にたいしソーシャルワーカーは三千五百人、ドイツ・イギリス・北欧でも人口数千人にたいし一人。日本では人口一億二千万人に約三千人しかいません（一六年二月二十五日、衆議院予算委員会、斉藤和子議員の質疑）。国際水準からみてもあまりにも、貧弱です。

児相でも市区町村でも、専門性をもつ職員を安定的に配置することが不可欠です。

一時保護所は満杯

一五年四月現在、全国に百三十二カ所の一時保護所が児童相談所に付設・併設されていますが、保護児童は増加し、平均在所日数も長期化傾向にあります。児童養護施設などが入所者で一杯で、空きが出るまで一時保護所で待機を余儀なくされるなど、とくに都市部は恒常的に満杯で定員オーバーも発生しています。幼児から十八歳までの虐待や非行などのさまざまな理由から困難を抱えている子どもを、いっしょに保護せざるを得ず、トラブルが発生しやすい環境となっています。

一時保護所の保護期間は二カ月を超えてはならないとされており、その間は義務教育を受けられない（十五歳以上は通学可能）ことの改善を求める声があがっています。「心理担当職員や学習指導協力員を配置し、『できるだけ』支援をしていくことがすすめられている」と厚労省はいいますが、不十分な状況です。子どもたちの学習や発達の権利保障のため、職員配置の拡充が必要です。

一時保護所は非常勤職員の割合が多く、夜間は大学生ボランティアによって支えられているところも多くなっています。すべての児相に一時保護所を設置するとともに、老朽化した建物の建て替えや個室化をすすめ、常勤職員の配置の改善が求められています。

子どもの権利条約の精神が法に明記

児童福祉法一部改正法の第一条は、「全て児童は、児童の権利に関する条約の精神にのっとり、適切に養育されること、その生活を保障されること……福祉を等しく保障される権利を有する」と、子どもの権利条約の精神にのっとり、子どもが権利の主体であることが書き込まれました。そして

第二条には、それまでの保護の主体から条約の真髄である「……その意見が尊重され、その最善の利益が優先して考慮され、……」という条文が加わり、子どもの意見表明と最善の利益の尊重が盛りこまれました。

子どもの権利の明記の理由について塩崎厚労相は、「愛されるべき相手である親から虐待を受けるというようなことが増えていくなかで、やはり民法で親の権利は明確に定められている一方で、子どもの権利は日本の法律にはどこにも書いていないと。……まさに命と権利そしてその未来を守るということ」とのべています（一六年五月二十六日、参議院厚労委員会、小池晃議員の質疑）。

多くの子どもたちの犠牲の積み重ねがあって、児童福祉の〝憲法〟といえる児童福祉法に、やっと条約批准から二十二年後に子どもの権利が書き込まれました。

そのほか、改正法では、児相に児童心理司、医師または保健師、指導教育担当の児童福祉司を置くとともに、弁護士の配置やそれに準ずる措置をおこなうこと。親子関係再構築支援を施設・里親・市町村・児相が連携しておこない、里親の開拓から児童の自立支援までの一貫した里親支援、養子縁組を法定化し、児相の業務として養子縁組に関する相談・支援を受け付けること。施設退所者の自立援助ホームの利用は、二十二歳の年度末まで大学などの就学者を追加する、などが位置づけられました。

五年以内に新たに児相設置

検討規定には、施行後すみやかに要保護児童の保護措置にかかる手続きにおける裁判所の関与のあり方や、特別養子縁組制度（原則六歳未満の子の親権を実親から断絶して養親に移し、「実子」と同じ権利になる制度）の利用促進のあり方を検討し、施行後五年を目途に中核市・特別区が児相を設置できるよう必要な措置を講ずることなどがもりこまれています。

全国市長会からの、「新たな業務をになうこととなる都市自治体が適切な人材確保と財政負担の増大に対応することができるよう、都市自治体の意見を丁寧に聴取し、反映するよう配慮されたい」との意見書などをふまえた、児相づくりが求められています。

子育ての自己責任化

児童福祉法には、実は子どもの福祉の研究者や団体などから警鐘が鳴らされている「改正」事項も含まれています。まさにそれは子どもの権利が書き込まれた第二条にあります。

旧第二条は、「国及び地方公共団体は、児童の保護者とともに、児童を心身共に健やかに育成する責任を負う」とシンプルにきっぱり公的責任を明確にのべています。それに対し改正法第二条は、一項で前述の子どもの権利の尊重を務めるべきは「全て国民」であり、二項で「児童の保護者は、児童を…育成することについて第一義的責任を負う」。そして最後の三項で旧二条と同様の国及び地方公共団体の責任を述べています。

いま、多くの親が困難な状況に置かれている中で、児童福祉法「改正」で子育ての「自己責任」化を推進することは、国民の願いと逆行しています。社会保障において自助・共助が強調される中、子ども分野でも多方面の人たちが手を結び合って、安倍政権に反撃しようではありませんか。

高学費、奨学金に苦しめられる若者たち

日本共産党青年学生委員会　岡村　千尋

若者に貧困と格差をおしつける学費と奨学金の実態

いま日本の大学学費は、初年度納入金は、国立で八十三万円、私立は文系約百十五万円、理系約百五十万円にものぼっています（二〇一四年度）。児童のいる世帯の平均所得は、一九九六年と比べて二〇一三年には約百万円も減少しているにもかかわらず（厚生労働省「国民生活基礎調査」）、大学の初年度納付金は十万円も増えています（図2-7）。

親からの援助だけでは足りず、学費や生活費をまかなうために、いまや学生の二・六人に一人にあたる約百四十万人が、将来の借金となる奨学金を利用しています。アルバイトでまかなうために「週四十時間バイト」など無理をせざるをえず、学業に支障が出ている学生もいます。それでも、経済的理由から進学を断念する高校生、大学等を中退する学生は後を絶ちません。奨学金を借りて進学したものの、卒業後に返済に苦しむ若者も急増しています。

高い学費と〝教育ローン〟化した奨学金が、〝進学をあきらめるか、バイト漬・借金漬で進学するか〟という究極の選択を若者に押しつけ、「教育を受けること」が、若者のあいだに貧困と格差を広げるという本末転倒な事態がおきています。

学費と奨学金をめぐる問題は、子どもの貧困問題とむすんで、その解決を求める世論がかつてなく広がり、給付制奨学金の創設を求める声は日に日に強まっています。そうしたなか、自民党も二〇一六年の参議院選挙の公約に「給付制奨学金の創設を検討する」と書き込み、安倍政権は、創設に向けた検討チームを設置しました（同年七月四日）。新制度が、給付対象や給付額、給付方法などにおいて、国民の願いにこたえる内容となるよう、世論と運動を広げることが、求められています。

図2−7　子どものいる家計の所得と4年制大学の学費

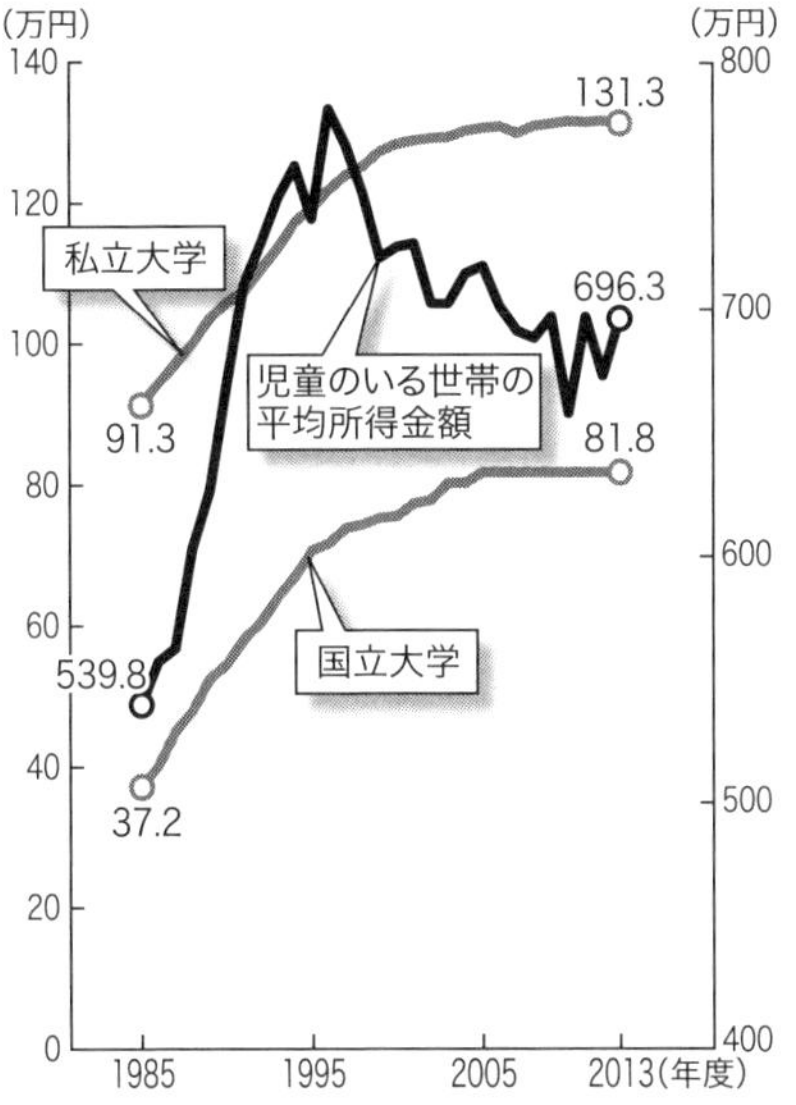

出所）国民生活基盤調査、文部科学省提出資料にもとづき田村智子事務所作成

学生生活に「三重苦」

重い学費の負担は、学生生活に深刻な影響を及ぼしています。

親からの仕送りは、かつての月額平均月十万円から七万円に減り、「ゼロ」は一割近くなっています（下宿生が対象、大学生協連、第51回学生生活実態調査）。学生の二人に一人が利用する日本学生支援機構（旧日本育英会）

図2—8　（独）日本学生支援機構 大学等奨学金事業予算の推移

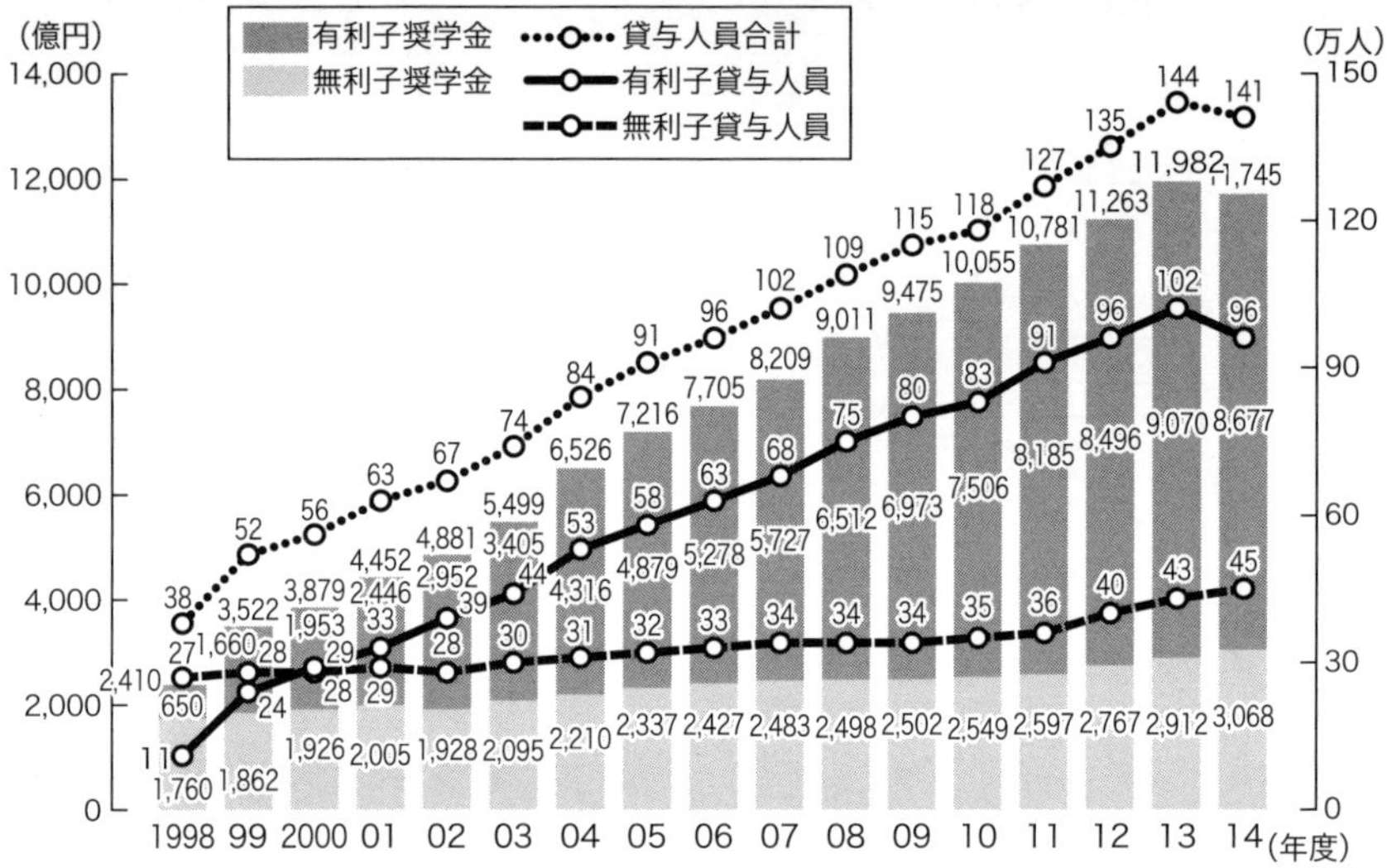

※有利子奨学金の返還に係る人数（2013年度末）216万人（金利約1%）
※今後、貸与人員約90万人で推移した場合、返却に係る人数は約400万人になり、利子分は約1,000億円になる
※貸与人員及び事業費の計は四捨五入の関係で一致しない場合がある
参考）2014年度予算における利息分 390億円（返却利息:本人負担） + 123億円（利子補給金:国費）=513億円

の奨学金の利用額は平均で約三百万円です。しかも、奨学金の七割は有利子となっており、かつて〝無利子が当たり前〟だった一九九〇年代後半までとは様変わりしています（図2-8）。

貸与総額が五百万円以上にのぼる人も急増しており、二〇一〇年度の一万三千三百四十六件（四・四％）から一四年度には二万八千七百三十一件（八・七％）に倍増しています（図2-9）。

そのため、「借金となる奨学金をできるだけ利用したくない」、「奨学金で足りない分はアルバイトでまかなっている」と、アルバイトに追い立てられる学生がたくさんいます。学生バイトといっても、かつてと違い、〝正社員並み〟の重い責任を負わされることも少なくなく、「授業中でも呼び出される」、「最低賃金ギリギリで働かされる」といった違法・無法なブラックバイトがまん延しています。それでも、「バイトが途切れたら学生生活を続けられない」と、学費と生活のためのバイトに追われています。

図2―9　(独)日本学生支援機構の貸与総額500万円以上の貸与者

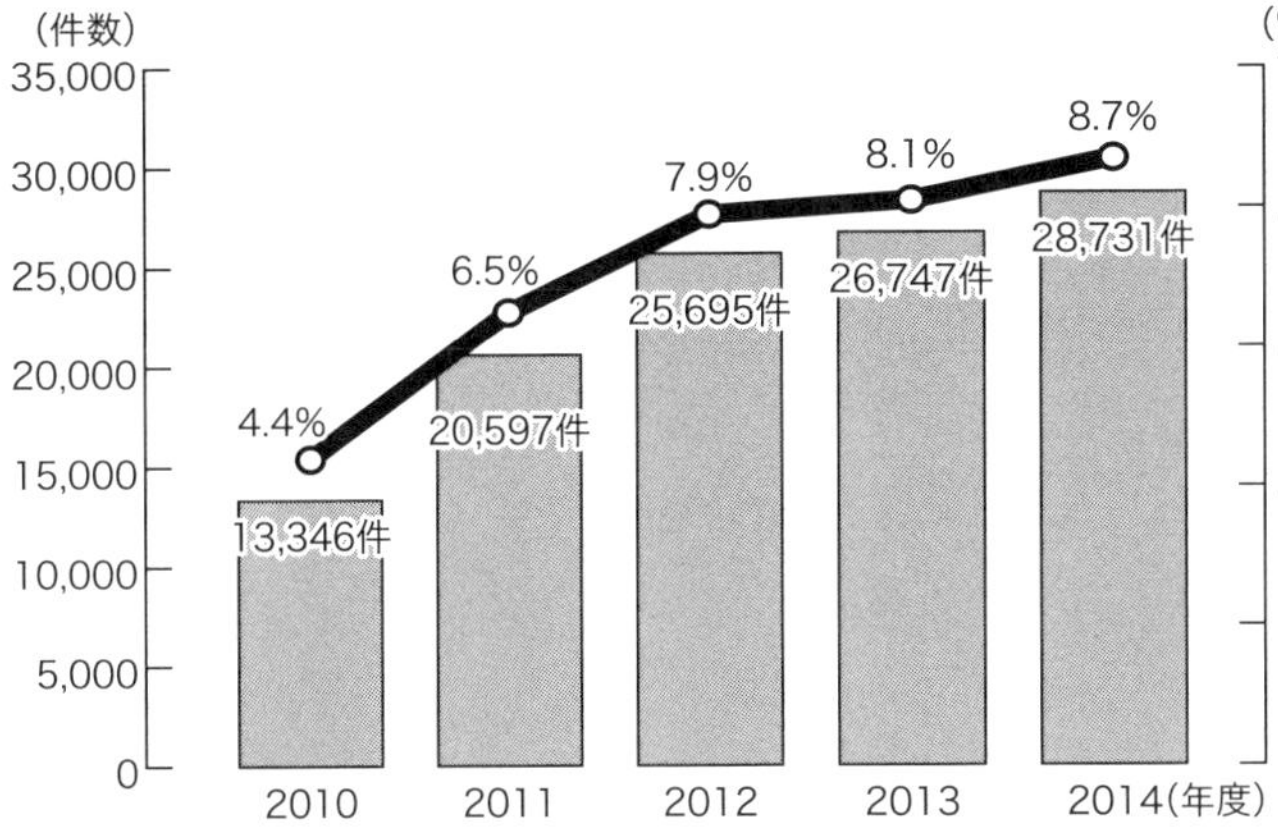

出所）国民生活基盤調査、文部科学省提出資料にもとづき田村智子事務所作成

日本共産党京都府議団が実態調査の結果をまとめた「若者・学生生活アンケート　550人のリアルレポート」には、学生の切実な声が寄せられています（詳細は雑誌『議会と自治体』二〇一五年五月号参照）。

「親からの仕送りはなく、バイトと奨学金で生活している。百均ショップでバイトをしているが、体調が悪くても休めない」

「奨学金を月六万円借りているほか、時給八百五十円のアルバイトを二つかけもちしている。バイト先では、無理なシフトを組まれ、休憩時間がとれず、パワハラやセクハラもある。でも、仕事がなくなるので誰にも相談できない」

「母がシングルマザーで、兄と妹がいる。実家から通学しているが、自分の生活費や定期代をまかなうために、自治体の奨学金を借りたうえに、居酒屋で週四十時間バイトをしている。バイトでは、深夜手当が出ず、ほぼ休みなしで十二時間働かされることもある」
「友人二人が、有利子奨学金しか借りられず、『有利子なら借りられない』といって大学を退学してしまった」

高い学費のために、奨学金という名の借金を背負い、また、不足分を稼ぐために違法・無法なブラックバイトでも続けざるを得ない――学生には、高い学費、奨学金、ブラックバイトの「三重苦」がのしかかっています。

家計負担は限界

子どもをもつ家庭の負担も限界を超えています。

「上の子が私立四年（一人暮らし）下の子も私立一年（一人暮らし）で、授業料と生活費で2人の収入を大幅に上回っています」、「二番目の子も大学に行くようになると……家の貯蓄では間に合わないので、借り入れをするしかありません」――東京地区私立大学教職員組合連合のアンケート調査（私立大学新入生の家計負担調査、二〇一五年度）には、大学生の子をもつ保護者の悲痛な声があふれています。

高校入学から大学卒業までの教育費は子ども一人当たりで約千四百四十五万円（自宅外通学）かかり、家計に占める授業料等の在学費用の割合は平均で約二割、年収二百～四百万円の低所得世帯では約四割にものぼります（日本政策金融公庫の調査、二〇一五年）。

同じ日本政策金融公庫の調査によると、低所得世帯では、教育費をねん出するために節約しているものとして、「食費（外食費を除く）」四九・六％（二〇一四年四二・九％）、「外食費」六四・三％（五四・一％）、「衣類の購入費」六一・五％（四八・六％）が増加しており、子どもの教育費をねん出するために、衣食を切りつめた生活を送っている姿がうかびあがってきます。

経済的理由から進学を断念

それでも、重い学費負担に耐えきれず、進学を断念する高校生や、中退する大学生が後を絶ちません。

文部科学省の調査（二〇一四年）によると、「経済的な困難」で大学・短大・高専を中退した人の割合は、中退者全体のうち、二〇〇七年には一四・〇％でしたが、二〇一二年には二〇・四％と急増し、中退した理由のトップになってしまいました。また、約七割の大学等が、この五年間に「経済的支援に関する学生からの相談件数が増加している」と答えています。

高い学費は、高校生から将来の希望を奪っています。経済的理由から四年制大学への進学を断念する高校生は、年間約二万人にのぼるとの調査[注1]もあります。大学選びの際に学費を重視する高校生は全体の三割にのぼり（リクルート進学総研の調査）、「お金がないから、国立大学に進学したい」という高校生は少なくありません。

（注1）「高校生保護者調査2012年」（文部科学省科学研究費「教育費負担と学生に対する経済的支援のあり方に関する実証研究」研究代表・小林雅之）

若者の人生を狂わせる奨学金の返済

卒業後、奨学金を返済し続けることは、若者にとって容易ではありません。

前述したとおり奨学金の利用額は平均で約三百万円です。その返済は、有利子奨学金であれば、さらに利子が上乗せされ、毎月一万五千円を、十七年間続けることになります。(注2) ところが、これまで前提とされてきた〝安定雇用〟は崩れ、若者の二人に一人が非正規労働者となり、大学などを卒業した三十～五十代の約三人に一人が年収三百万円以下(総務省調査)です。実際、返還が滞った利用者(延滞者)の八割は、年収三百万円未満となっています(日本学生支援機構の調査)。

日本学生支援機構が、延滞者や延滞者の親などに残額の一括返還を求める訴訟は、二〇一四年度は五千三百三十九件にのぼりました。(注3) 返済が遅れた翌日からペナルティとして課せられる延滞金五%(二〇一四年三月までは一〇%)は、「一度返済が遅れると、その後、どれだけ返してもなかなか元金が減らない」という〝ローン地獄〟をうみだしています。

重い奨学金の返済は、若者の人生設計にも大きな影響を及ぼしています。

中央労働者福祉協議会の調査によると、大学時代などに奨学金を借りた若い世代の四割が、返済を「苦しい」と感じ、二～三割は、「返済が結婚や出産、家を買うときの足かせになっている」と答えました。

高校と大学時代にあわせて二百八十万円の奨学金を利用したという神奈川県に住む二十代の女性は、大学卒業後、正規職員になれず、二つのアルバイトをかけもちしながら、毎月約一万、七月と十二月には約二万円を返済してきました。週六日、長いときは一日十時間以上働いても、月収は十万円ちょっと。返済がしばしば滞り、その度に、延滞分の回収を日本学生支援機構から委託されている民間会社から「振り込みをお願いします」、「三カ月続くと一括返済になります」との督促がきます。婚約者にも奨学金の返済があり、二人合わせて四百万円以上にものぼるため、「子どもも家も、持つことが難しい」と、結婚生活に大きな不安を抱えています。

あまりに学費負担が重いために、親の収入によって、子どもの受けられる教育が制限される、学生時代に大変なアルバイトをせざるをえない、また、卒業後に重い奨学金＝借金を背負って苦しい経済状況に追いやられるなど、貧困と格差が、教育によってさらに広げられています。

日本の将来を担う若者が、お金の心配なく、安心して学べる環境をつくることは、憲法に定められた教育を受ける権利を保障するためにも、また、格差と貧困を是正し、公正な社会を実現していくためにも急務となっています。

（注2）毎月五万円を四年制大学の在学期間四十八カ月＋入学一時金五十万円の合計二百九十万円を利用したケースで試算（月額利用分の金利は二〇一三～一五年の固定金利の平均値〇・七四％、入学時増額分の金利は〇・九四％で計算。機関保証を利用）。

（注3）二〇一六年一月三日付「東京新聞」

高い学費なのに給付制奨学金のない日本は異常

世界では、無償、または学費と奨学金セットで支援

世界では、高等教育を重視し大学への進学率が上がる傾向にあります。そのなかでも学費無償を維持したり、たとえ学費を徴収したとしても給付奨学金とセットで学生を支援するというのが、政治の姿勢として当たり前となっています（図2-10）。

図2―10　OECDによる授業料と公的補助（奨学金）水準の高低による4モデル

公的補助（奨学金）水準：縦軸（上＝高、下＝低）／授業料水準：横軸（左＝低、右＝高）

	授業料水準 低	授業料水準 高
公的補助（奨学金）水準 高	①低授業料・高補助 北欧諸国、ドイツ	②高授業料・高補助 アメリカ、イギリス、オーストラリア、カナダ、オランダ、ニュージーランド
公的補助（奨学金）水準 低	④低授業料・低補助 オーストリア、フランス、イタリア、スペイン、チェコ、ポーランド、ポルトガル	③高授業料・低補助 **日本、** 韓国、チリ

※この図の区分以降、韓国では低所得層への奨学金制度ができ、チリでは段階的無償化が始まっており、現在、③は日本だけとなっています。

出所）国立国会図書館　「調査と情報―ISSUE BRIFF―No.869」より

スウェーデンなど北欧諸国では、学費無償を続けています。ドイツでは、二〇〇五年からいったん授業料の徴収を始めたものの、学生らの反対世論と抗議デモなどが広がり、州議会選挙で授業料廃止を公約した政党が躍進するなか、二〇一四年に再び無償に戻りました。

イギリスでは、一九九八／九九年度に授業料を導入して以降、二回にわたって学費が大幅に値上げされ、現在の授業料は九千ポンド（約百六十万円）という異常な高学費となっています。急激な学費値上げに、大きな値上げ反対運動が続くなか、いったんは廃止された給付奨学金が、二〇〇四／〇五年度に復活しています。ほかにも、授業料などを卒業後に年収に応じて支払う「負担軽減策」を導入しました。アメリカでは、公立大学でも授業料が年々高くなっていますが、かなりの規模の学生が給付奨学金や経済的事由による学費免除制度の適用を受けています。

この間、日本と同じように学費が高く、給付制奨学金もなかった韓国とチリでは、学費負担軽減を求める運動が盛り上がるなか、選挙で政治が変わり、学費の負担軽減策がすすんでいます。韓国では、二〇〇八年に低所得層に限って給付制奨学金が導入されました。「授業料半額」を公約にかかげた大統領が誕生したことで、給付奨学金を受給する学生も三割にまで拡充されています。チリでは、国立大学の授業料無償化を公約する左派の元大統領が、二〇一四年に大統領に復帰したことで、一五年十二月には私立大学も含めて貧困層の学生から段階的に無償化し、二〇年に全学生を対象に無償化する法律を成立させています。こうしたなか、高い学費にもかかわらず給付奨学金制度がないのは、先進国（ＯＥＣＤ加盟国）で日本だけとなり、大学進学率も、先進国で平均以下という〝後進国〟となっています。

図2−11　高等教育への公財政支出

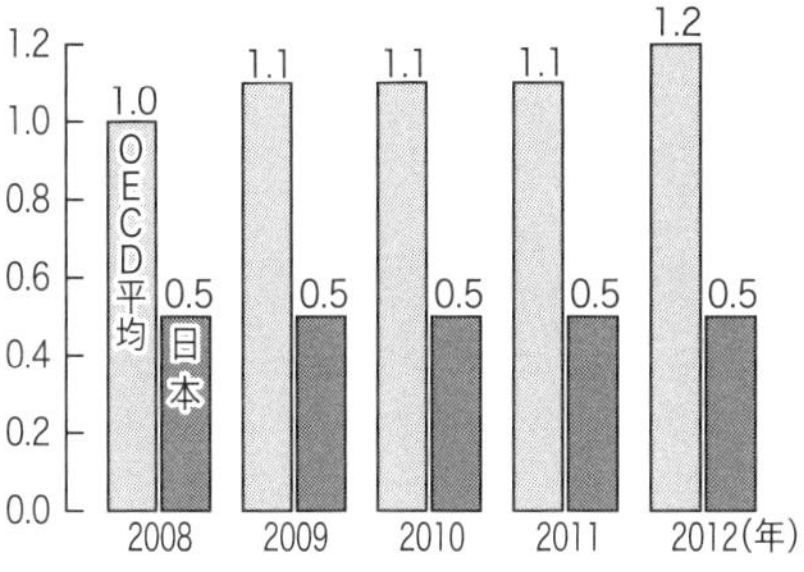

※教育機関への支出・対 GDP 比
出所)「OECD 図表で見る教育」などより作成

先進国で最低クラスの高等教育予算

貧困な高等教育政策の背景には、日本の高等教育予算が先進国平均の半分以下にとどまっていることがあります。日本の高等教育へのGDP（国内総生産）比での公的支出は、先進国のなかで、六年連続で最低クラスです。先進国の平均が、一％（二〇〇八年）から一・二％（一二年）に上がるなか、日本は〇・五％のままです（図2-11）。国の公的支出が少ないため、大学など高等教育の私費負担はOECD平均の二倍以上となっているのです。

お金の心配なく学べる社会を――日本共産党の学費・奨学金政策

日本共産党は、参議院選挙の重点政策として、「大学の学費を十年で半額に」「月三万円の給付制奨学金を七十万人分つくる」など、具体的な予算規模も含めた学費・奨学金政策を発表しました（二〇一六年六月）。

大学授業料を十年間で半額に

学生にのしかかる「三重苦」について前述しましたが、「三重苦」の一番の元凶は、高い学費にあります。学費が下がれば、無理に奨学金を借りたり、ブラックバイトを続けたりする必要がなくなります。お金がないからと進学を断念する高校生は減り、保護者は、子どもの学費のために切りつめた生活を送らなくてもすみます。

日本共産党は、国立、公立、私立の設置形態に応じたやり方で、大学への学費補助をおこない、十年かけて大学の授業料を半額にすることを提案しています。

国立大学への国の交付金を毎年一％程度（約百六十億円）ずつ増やし、その分、学費を値下げしていけば毎年二万六千円程度を値下げできます。十年後には、現在、年五十三万円の授業料を、二十六万円にまで引き下げます。

私立大学についいては、国の私学助成に学費値下げ用の緊急枠をつくり、毎年九百億円程度ずつ国からの補助を引き上げることで、平均で年八十六万円の授業料を、十年後には半分の額まで引き下げます。

公立大学にも、十年で授業料を半額にするための助成を実施します。そのために、毎年四十億円程度ずつ助成を増やします。予算規模は、毎年一千百億円ずつ増やし、十年後には一兆一千億円になります。

奨学金制度の根本からの改革――〝学生ローン〟でなく、まともな奨学金に

▼月額三万円（年間三十六万円）の給付制奨学金を七十万人に

日本共産党は、月額三万円（年間三十六万円）の給付制奨学金を七十万人分つくることを提案しました。支給対象は、成績基準ではなく、経済的必要性を基準にします。

月額三万円は、四年間では百四十四万円となり、平均「借金額」の三百万円の半分程度となります。七十万人とは、現行の奨学金受給者百四十万人の半分に相当します。毎年二千五百億円の予算で、実現できます。

この政策によって、まずは、奨学金利用者の半数の「借金額」を半分に減らせるようにし、さらに規模を拡大していきます。給付制奨学金ができれば、若者が安心して進学し、勉強を続けることができます。また、奨学金を借りる額が少なくなれば、卒業後、奨学金の返済で生活が追いつぶされるリスクを減らすことができます。

すべての奨学金を無利子に

奨学金の返済に苦しむ若者を救う第一歩は、奨学金を本来の姿に戻して負担を減らすことです。無利子化は、学生の負担と不安軽減のためにも、奨学金制度の本来の趣旨からも、いますぐ実施すべきです。

日本共産党は、新規に貸与する奨学金を無利子にするとともに、在学中の学生の有利子奨学金を無利子奨学金へと「借り換える」制度をつくり、国が利子補給をおこなうかたちでの全員の無利子化を実現します。必要な予算は、毎年一千億円程度です。

そもそも所得も資産もない学生を、多額の借金を負わせて利子を取り立てるという〝ローン〟の対象にすることが間違っています。奨学金というならば、利子はとらないということが、国の最低限の責任です。前述したように、一九九〇年代後半までは無利子の奨学金が制度として当たり前でしたし、文部科学省の立場は、いまでも〝奨学金は無利子が根幹〟です。

奨学金返済のセーフティネットを

奨学金の返済に困ったときのセーフティネットが不十分であることも、奨学金の返済に苦しむ若者が急増している要因の一つです。

日本共産党は、既卒者の奨学金返済の減免制度をつくり、返済猶予や減額期間の上限撤廃など返済に困ったときの救済制度を拡充します。保証料・保証人制度、延滞金の廃止をすすめ、〝借金取り立て最優先〟の姿勢をあらためることを提案しています。

現在、政府が新たに提案している「所得連動返還型奨学金制度」は、一律に返済を求める現制度とくらべて一定の前進があります。しかし、収入がゼロでも返還させる、マイナンバーの活用が前提、収入が上がらない場合は高齢になっても返済が継続するなど、問題点が多くあり、改善が必要です。日本共産党は、すべての貸与制奨学金を、返済能力に応じて返済する所得連動型にするとともに、奨学金の返済が、子育てや老後の生活をおびやかさないように、二十年間返還すれば残額を免除することを提案しています。

国会、地方自治体の動き

国会での動き

国会では、この間、日本共産党国会議員団が、学費や奨学金の問題を、繰り返し取り上げるなかで、奨学金返済の延滞金を一〇％から五％への引き下げ、返済困難者の返還猶予期間を五年から十年に延長するなど（いずれも二〇一四年四月より）、奨学金の返済に困ったときのセーフティネットの拡充が一歩すすみました。

給付制奨学金については、民主党政権時代の二〇一二年度予算の概算要求において高校・大学等の給付制奨学金創設が盛り込まれたものの、予算案では見送られました。

二〇一六年の参院選後、文部科学省内に検討チームが設置され、二〇一七年度概算要求に事項要求として盛り込まれました（二〇一六年九月現在）。

二〇一六年一月二十一日参議院決算委員会で、日本共産党の田村智子参議院議員があらためて給付制奨学金の創設を強く求めたことに対し、安倍首相は無利子奨学金の拡充などについて「負担軽減に努めている」と、貸与制奨学金に固執し、麻生財務大臣は、「（給付制奨学金は）単なる財政出動」、「将来世代へのツケ回し」と実現に消極的な態度をとりつづけています。

「若者への投資」は、未来への種まきです。若者が、専門学問を身につけ、社会に出ることは、若者自身の権利であると同時に、社会を持続的に発展させるうえで不可欠です。経済的観点から見ても、大きな効果があるとの調査もあります。日本財団・三菱ＵＦＪリサーチ＆コンサルティングが二〇一五年に発表したレポートによると、〝子どもの貧困対策を行わず、子どもの進学率や高校中退率が改善しない場合、生涯所得の減少による経済的損失は約二・九兆円、税・社会保障の財政負担は約一・一兆円増になる可能性がある〟と試算しています。

給付制奨学金など社会的支援を受けた若者は、自分の学んだことを社会のために役立てよう、社会に貢献しようと思うのではないでしょうか。

「社会全体で若者の学ぶ権利を保障し、未来を担う若者を育てよう」という世論と運動を強めて、国民の切実な声にこたえるにふさわしい給付制奨学金を実現させましょう。

地方自治体での動き

▼自治体独自に給付制奨学金を創設

地方自治体で、大学・短大生などを対象にした独自の給付奨学金制度を設けているところもあります。

例えば、「年額三十五万円のほか入学金二〇万円を給付。募集人数は五人」（東京都江戸川区）、「毎月、公立六〇〇〇円、私立九〇〇〇円を支給。募集人数は八〇人」（北海道札幌市）などですが、全体として、実施する自治体も、給付額、募集人数も多くありません（日本学生支援機構「平成25年度、奨学事業に関する実態調査」、「大学・地方公共団体等が行う奨学金制度一覧」より）。

いま新たに広がっているのが、実施する自治体に一定期間、居住・就労することを条件にした給付制奨学金制度や、卒業後の奨学金返済を肩代わりして事実上の給付とする制度など、地域活性化を目的としたものです。

例えば、沖縄県竹富町では、大学や専門学校への進学者を対象に、卒業後に町内で就職することを条件とする月五万円の給付型奨学金を創設。栃木県宇都宮市では、市内在住で、大学などに入学する約十人を対象に、一カ月二万円を支給し、卒業後、市内に五年間暮らせば、市が返還を免除する制度を創設しました。また、鹿児島県では、日本学生支援機構の無利子奨学金（地方創成枠）を借りている県出身者が大学卒業後に県の基幹産業で最低三年間就職することを条件に、奨学金の返済を全額肩代わりする制度を新設しました。今春の就職者から、毎年百人を募集する計画で、当初予算として二億円を計上しています。

沖縄県が、「子どもの貧困対策」として、給付制奨学金の創設にのりだしたことは画期的です。県外の大学に進学する県出身者を対象に、月七万円などの奨学金を支給します（二〇一七年度入学者より、初年度二十五人程度を募集）。ただ、給付対象の進学先が、文部科学省選定「スーパーグローバル大学」三十五校に限定されているといった課題も残されており、改善と拡充がもとめられています。

▼遅れる公立大学の授業料減免

国立大学では、授業料減免を受ける学生が年々増えています。東京大学が、二〇〇九年度から「年収四百万円以下の学生の授業料免除」を始めたこともきっかけに、授業料減免のための予算が拡大され、授業料減免率(注4)は一二・四％となっていますが、公立大学で授業料減免率は四・二％と、国立大学の三分の一程度にとどまっています（二〇一三年度）。

公立大学での授業料減免にたいして、国は、地方財政措置をとおして支援をおこなっています。地方交付税の算定にあたって、公立大学の授業料収入の一定割合を、授業料減免にあてるものとして上乗せしています（二〇一三年度は一一・五％）。しかし、地方交付税が一般財源化され、授業料減免にあてるために上乗せされた交付税がどのように扱われるかは、地方自治体の裁量にゆだねられています。そのため、地方自治体から各公立大学に、授業料減免のために交付される予算にはバラつきがでています。公立大学協会の第二委員会の委員を務めている福岡県立大学の柴田洋三郎学長は、〝授業料減免を実施する公立大学には、ほとんど裁量権が残っていない〟〝九州地区の公立大

学を調べたところ、六・五%、四%、二%など設置者や大学によって様々になっている〟と実情を述べています。(注5)

公立大学においても、学生がお金の心配なく学べるよう、地方自治体として減免のための予算を拡充していくことが課題になっています。

(注4) 授業料減免率=授業料減免額/授業料総額

(注5)「学生への経済的支援の在り方に関する検討会(第6回)」議事録より

最後に

学費・奨学金問題は、学生、子どもを持つ家庭や親戚にとって大きな負担となっているだけでなく、新たな貧困をうみだす要因として、大きな社会問題となっています。「お金がないから借金をしないと進学できない」「うちは貧乏だから、勉強したって仕方ない」と子どもたちから将来への夢、希望を奪う状況は、一刻も早く解決しなければなりません。

お金の心配なく、安心して学べる社会を実現するために、知恵と力を尽くしましょう。

［第三章］ 国会論戦から

地方で深刻化する子どもの貧困

日本共産党国会議員団事務局　山本　正人

二〇一三年に制定された「子どもの貧困対策の推進に関する法律」は、都道府県にたいして、「子どもの貧困対策についての計画を定めるよう努めるものとする」との責務を規定しました。現在、すべての都道府県で計画の策定等が進行しています。

地域ごとに「貧困率」の具体的な把握を

政府が公表している日本の子どもの貧困率は一六・三％（一二年）であり、これは厚生労働省が三年ごとに実施する「国民生活基礎調査」によるものです。前回調査時は一五・七％（〇九年）、前々回調査時は一四・二％（〇六年）であり、子どもの貧困は拡大しています。

この数値は、ＯＥＣＤ（経済協力開発機構）の作成基準にもとづくもので、国民の所得中央値の半分を「貧困線」と定めています。日本における所得中央値は二百四十四万円であり、半分の百二十二万円が貧困線です。二人世帯（親一人子一人など）であれば$\sqrt{2}$をかけた百七十三万円が、四人世帯であれば√4をかけた二百四十四万円が貧困線として算出されます。

この方式による子どもの貧困割合が、日本においては六人に一人、一六・三％で、ＯＥＣＤでは加盟する三十四カ国中、下から十番目に悪い水準です。また、母子世帯などの「大人が一人世帯」の貧困率は、五四・六％であり、とくに深刻です。

国民生活基礎調査は、全国調査ではありますが、五万世帯によるサンプル調査であり、都道府県ごとの集計もありません。子どもの貧困の実態にせまるためには、各自治体での調査が求められます。

都道府県「貧困率」調査の有効活用を

山形大学の戸室健作准教授が、独自の「子どもの貧困率」調査を、一六年三月一日に公表しました。戸室氏は、「就業構造基本調査」（総務省統計局）と「被保護者調査」（厚生労働省）を使い、都道府県別の最低生活費、世帯人員にも着目した子どもの貧困率を算出しています（一四ページ、**表1-2**）。

同調査では、貧困ラインを「最低生活費以下の収入」（都道府県別）とし、子どもの貧困率を、十八歳未満の末子がいる世帯のうち、最低生活費以下の収入しか得ていない世帯の割合としています。最低生活費は、憲法二十五条で保障される「健康で文化的な最低限度の生活」を送るために必要な費用として厚生労働省が毎年算定するもので、生活保護費の算定基準となるものです。

戸室氏の調査は、全国レベルとして精度の高い、画期的な調査です（戸室氏の調査は山形大学ＨＰ「山形大学人文学部研究年報・第一三号」でも閲覧できます）。

この調査結果（一二年度数値の分析）によれば、沖縄、大阪、鹿児島、福岡、北海道の順に高く、傾向としては近畿から西、東北から北の道府県において、子どもの貧困率が高くなっています。

四月六日、参議院・地方消費者問題に関する特別委員会において、吉良よし子議員が、この戸室氏の調査を紹介し、子どもの貧困が地方における重要問題であることを指摘しました。

これにたいし、石破茂地方創生担当大臣（当時）は、子どもの貧困が「貧困の連鎖・拡大を生みかねない大問題である」と認め、都道府県において定性的な傾向を把握して対策をとること、地方創生の観点から厚生労働省と連携して対応していくことに言及しました。これは、重要な答弁です。

都道府県によって生計費水準や物価水準は異なるので、各自治体においては、こうした算出方法や数値も参考にして、より精密な実態調査や対策を実施することが求められます。

背景にあるワーキングプア問題

子どもの貧困解決のために、重要な課題はなんでしょうか。本書のなかでもくり返し指摘されていますが、働く貧困層＝ワーキングプア問題の解決です。

「なくそう子どもの貧困」全国ネットワークの山野良一さんは、欧米の貧困問題の背景には人種差別や高失業率があるのにたいして、日本の場合は「親御さんがちゃんと働いているのに賃金単価が安くて貧困から抜け出せない『ワーキングプア』の場合が多い」と指摘しています（『月刊日本』一六年四月号）。

戸室氏も、ワーキングプア率（就業世帯のうち、最低生活費以下の収入しか得ていない世帯の割合）が高い都道府県で、子どもの貧困率も高いことを調査結果から指摘しています（表1-2）。

しかし、政府はワーキングプアを政治課題ととらえておらず、調査や対策を講じていません。前述の吉良議員の質問では、ワーキングプアと関連の高い指標として都道府県における非正規労働者の増加問題を指摘しました（前出表参照）。

これは、総務省統計局「就業構造基本調査」によるもので、非正規雇用の多い都道府県を見ると、四〇％を超えるのが六道府県あり、高い順に、沖縄、北海道、大阪、京都、鹿児島、福岡です。戸室氏の調査による子どもの貧困率、ワーキングプア率が高いところとおおむね一致しています。

政府は、地方創生において、「質の高い雇用の確保」を、「しごとの創生」の重要政策としていますが、具体策は乏しいものです。ワーキングプアでは、国民の勤労権が実現されないことを明確にし、たたかいの課題として前進させることが重要です。

賃金単価の問題では、全国一律最低賃金を実現させることです。一五年の最低賃金は、全国加重平均で七百九十八円ですが、もっとも低い高知、沖縄などでは六百九十三円です。これが、時給一千円に、そして千五百円に引き上げられれば、貧困問題の解決が大きく前進します。

アメリカやヨーロッパでは、社会保険料を減免するなど、中小企業への支援をともなう最低賃金の大幅引き上げが実現しています。日本でも同じような抜本対策が必要です。

所得再分配の拡充を

冒頭で紹介した国民生活基礎調査は、税と社会保障の拠出・給付を反映した所得再分配後の数値です。日本の所得再分配機能が低いことを、ＯＥＣＤは数度にわたり問題とし、加盟諸国で日本より下位なのは、チリ、韓国、アイスランド、スイスだけだと指摘しています（ＯＥＣＤ「日本カントリーノート」、一五年五月）。

日本における所得再分配の状況は、厚生労働省「所得再分配調査」（三年ごと、最新は一一年）で公表されています。これは社会保障と租税による給付と負担が、所得にどのような影響を与えているかをあきらかにする目的でおこなわれている調査です。

当初所得（雇用者所得など）から拠出（税金、社会保険料）を差し引き、社会保障給付（年金、医療、介護など）を加えたものを再分配所得としています。母子世帯では、平均当初所得が百九十五万七千円であるのにたいして、再分配所得は二百五十八万二千円であり、再分配係数（〈再分配所得－当初所得〉÷当初所得×一〇〇）は三一・九％です。

一方、高齢者世帯の平均当初所得は九十二万七千円にたいして、再分配所得は三百四十八万円であり、再分配係数は二七五・四％です。高齢者世帯レベルの所得再分配施策が母子世帯にも実施されれば、子どもの貧困問題の解決が前進します。

児童扶養手当が増額される等の措置は重要ですが、現状では、国民年金・国民健康保険の保険料等で相殺されてしまいます。逆進性の高い社会保険料負担の解消は急務です。

以上、見てきたように、賃金・労働条件等の一次所得の改善、所得再分配機能の抜本的拡充について、国と自治体のそれぞれで制度設計が必要です。国会議員団と地方議員団が役割を発揮し、連携して子どもの貧困対策を前進させましょう。

児童扶養手当拡充へ、野党共同で法改正案提出

日本共産党国会議員団事務局　清水　孝

児童扶養手当は一九六一年に制度が創設され、その後、数次の改定を経て現在にいたっています。政府は、財政状況の悪化などを理由に二〇〇二年の改定で、児童扶養手当の支給を受けた母が、正当な理由なく求職活動等自立を図るための活動をしなかったときは、手当の一部または全部を支給停止できること、また、受給期間が五年を経過したときは支給額を半分に減額するなど、母子家庭対策としては児童扶養手当中心の支援から就業・自立を促す支援へと性格を変えてきました。

一〇年の改定では、関係者の運動もあって、それまで支給対象外であった父子家庭にも支給が開始されることになりました。

一四年の改定では、遺族年金などの公的年金を受給していた場合、年金受給が優先されて児童扶養手当は支給されないことになっていたものを、その差額分の手当を支給することに改められました。これは、高橋千鶴子衆議院議員が、この問題をたびたび委員会審議で指摘し、改善を求めていたものです。

野党共同案提出の概要

一六年の第百九十国会に、安倍内閣は、「児童扶養手当法の一部を改正する法律案」を提出しました。政府案への対案として、当時の民主党、維新の党、日本共産党、生活の党、社民党は共同で「児童扶養手当法及び国民年金法の一部を改正する法律案」を三月十六日に衆議院に提出しました（表3－1）。

表3―1　児童扶養手当改定の政府案と野党案の対比

項目（現行）	政府案	野党案
支給対象の拡大	現行通り	20歳未満の学生等を追加
多子加算の増額（第2子：5千円）（第3子以降：3千円）	第2子：1万円 第3子：6千円	第2子以降：1万円
多子加算にたいする年収に応じた支給額の逓減・物価スライドの適用	導入	導入せず
支払回数（年3回）	現行通り	毎月支払

両案はともに衆議院厚生労働委員会で審議がおこなわれ、野党共同案は否決されましたが、内閣提出の改正案は全会一致で衆議院を通過、参議院でも全会一致の賛成で成立しました。

内閣提出の改正案は、児童扶養手当の支給額を、第一子については改正前と同じく四万二千円（一六年度は物価スライドにより四万二千三百三十円）、第二子にかかる加算額を五千円から一万円に、第三子以降の加算額を三千円から六千円に増額するものです。

第二子の加算額が引き上げられるのは、一九八〇年に二千円から五千円に引き上げられて以来三十六年ぶり、第三子以降については、一九九四年に二千円から三千円に引き上げられたのが最後で、二十二年ぶりの改定となります。

また加算額についても、年収に応じて支給額を逓減《ていげん》させ、物価スライドも適用させるというものです。施行は一六年八月一日で、改正された児童扶養手当の支給は同年十二月からとなります。これは、児童扶養手当が年三回、四～七月分が八月、八～十一月分が十二月、十二～三月分が四月に支給されるためです。

野党共同提案の改正案は、児童扶養手当・遺族基礎年金等の支給対象を二十歳未満で大学生・専門学校の生徒等に拡大する、第二子以降の児童扶養手当の多子加算額を一万円に増額する、支払回数を毎月支払とすることとしています。

貧困の状況と政府の対応

第二子以降に限ってはいますが、政府が今回児童扶養手当額の増額を打ち出してきた背景に、子どもの貧困率の増加、とりわけ、ひとり親家庭の貧困率の高さがあります。

内閣府の『平成二七年版子供・若者白書』では、「子供の相対的貧困率は一九九〇年代半ば頃からおおむね上昇傾向にあり、平成二四（二〇一二）年には一六・三％となっています。子供がいる現役世帯の相対的貧困率は一五・一％であり、そのうち、大人が一人の世帯の相対的貧困率が五四・六％と、大人が二人以上いる世帯に比べて非常に高い水準となっている」と、その深刻な実態を認めています。

このような状況のもと、一三年の第百八十三国会で、「子どもの貧困対策の推進に関する法律」

が全会一致で成立しました。同法は、貧困率削減の数値目標を明記しない不十分さなどはあるものの、子どもの貧困対策に向けた第一歩となるものでした。

この法律により、政府は、一四年八月二十九日に、子どもの貧困対策を総合的に推進するための「子供の貧困対策に関する大綱」を閣議決定し、当面の重点施策等が掲げられることになりました。

その後、「大綱」にもとづき政府部内での検討がすすめられ、一五年度末に向けた政策パッケージが、「すべての子どもの安心と希望実現プロジェクト」として取りまとめられ、この段階でようやく児童扶養手当の増額が入れられることになったのです。

就労支援、自立支援偏重の見直しを求める

衆議院では堀内照文議員が、参議院では田村智子議員が、〇二年の改定が貧困の解消につながっていない点を追及しました。

堀内議員は、厚労省の推計でも、本来、生活保護を受けられるはずの七割から八割の母子世帯が、わずかな就労所得と児童扶養等の手当のみで生活保護基準以下で暮らしている実態をあきらかにしました。

同時に、一一年度の母子世帯の就業状況が八〇・六％で、正規職員が三九・四％、パート、アルバイトが四七・四％と、就業の割合や正規が減り、非正規が増えていることを指摘しました。

そして、雇用の規制緩和等により、多くの母子世帯が、就労してもなお生活困窮の状態から抜け

出せない状況にあること、こうした状況を生み出した政府の政策を批判し、就労による自立に偏重する児童扶養手当制度のあり方を見直すよう求めました。

塩崎厚生労働大臣は、政府案の多子加算増額は、多子家庭の経済状況がきびしいなかで、何十年も変わっていなかったものを、「反省を込めて」倍額にすることにしたと、堀内議員の追及に答弁しています。

田村議員は、生別母子世帯の収入（平均）が、児童扶養手当を加えても一級地では生活保護基準以下である実態をしめしました。奨学金を大学入学料にあてた場合、これを収入認定除外とすることを認めず、奨学金受給を辞退させ、大学進学をあきらめさせているといった現行の運用は、貧困の連鎖を断ち切ることにならず、見直すべきだと求めました。

また、政府が、現金給付と現物給付を組み合わせて支援をおこなうとしていることについて、保育料を軽減するといっても、児童扶養手当全額支給の世帯の場合は所得がゼロで住民税がかからないためそもそも保育料の負担はなく、もっとも経済的にきびしい世帯には現物給付の強化にはなっていないことを指摘しました。

一方、現物給付では、政府は医療保険の問題にまったくふれておらず、自己負担が重く、貧困世帯ほど経済的理由で医療にかかれていないという調査もあげ、自己負担の在り方は母子家庭の貧困化と健康悪化をもたらしていると追及しました。

また、堀内議員は、〇二年の改定で、受給期間五年で一部支給停止の措置が設けられ、年間約三千人以上が一部支給停止となったこと、そのなかには、きちんと手続きをすれば、受給できた人が少なからずいたことを指摘しました（厚労省の調査で、「やむを得ず手続きができなかった」と二九・八％が答えている）。これにたいし、厚労大臣は、その点を認め、雇用証明書に替えて、健康保険証でも一部支給停止にならない証明となることの周知を徹底することをあきらかにしました。

そのうえで堀内議員は、〝やむを得ない事情で漏れてしまう人を生むような制度はおこなうべきでない〟と主張するとともに、受給者一人ひとりに対応する自立支援員を正規職員で配置するための増員を求めました。

政府の「すべての子どもの安心と希望実現プロジェクト」には子どもの居場所づくりが位置づけられていますが、放課後児童クラブの保育料への軽減策などの支援が政府の施策にはまったくないことを堀内議員と田村議員が指摘したのにたいし、厚労大臣は、整備についても国が統一的な支援をしようとなってきているのだから、運営主体別にどのような支援がおこなわれているか調査する、と表明しました。

対象拡大、毎月支給の実現を

野党案は、児童扶養手当支給の対象を満二十歳未満の学生等に拡大することにしています。

提案者のひとりである高橋千鶴子議員は、衆議院の委員会の答弁で、ひとり親家庭の子どものうち、大学、大学院へ進学したいという希望が三八・五％もあるのに、十九歳時点の実際の就学状況は二〇・六％にとどまっており、野党案では、貧困の連鎖を断ち切るためにも、命綱ともいえる児童扶養手当を対象年齢あるいは多子世帯あるいは使いやすさという角度から支援を拡充しようとするものと、その意義を強調しています。

政府は、毎月支払について、自治体の負担などを理由に応じようとしませんでしたが、厚労大臣も「支給回数をふくめて、所要の改善措置を検討することは今後の課題ではないか」と答弁しました。

衆参の委員会で、支払方法について、支給回数をふくめ、所要の改善措置を検討することという付帯決議が採択されました。

ひとり親家庭支援――銚子無理心中未遂事件をふまえて

日本共産党国会議員団事務局　川野　純平

家を失ったら生きていけない

二〇一四年九月二十四日、千葉県銚子市の県営住宅在住の四十三歳の母親が、十三歳の中学生の娘の首を絞めて殺害するという事件が起こりました。母子家庭の二人暮らしで、家賃を滞納し、県営住宅からの強制退去が執行される日の事件でした。夫と離婚後長年にわたり困窮するなか、住む場所を失ったら生きていけないと思い詰めての無理心中未遂事件(注)です。

本稿では、この事件を取り上げた参議院予算委員会での辰巳孝太郎参院議員の二回の論戦（二〇一五年四月九日、二〇一六年三月九日）を紹介し、とりわけ貧困状態に置かれやすいひとり親家庭の支援について考えたいと思います。

（注）事件については、『なぜ母親は娘に手をかけたのか（居住貧困と銚子市母子心中事件）』（井上英夫・山口一秀・荒井新二編著、二〇一六年、旬報社）に詳細が記されています。

なぜ救えなかったのか

二〇一五年四月の辰巳議員の質問にたいし、安倍晋三首相は「痛ましい事件が起こったことは残念の極み」、「住宅部局と生活保護を扱う民生部局の間で情報共有し家賃の軽減策を講じるなど居住安定の支援策を要請した」と答弁しました。厚生労働省は、同年六月に自治体担当者宛てに出した文書のなかで、「庁内及び庁外関係機関との密接な連携体制が構築されていれば未然に防ぐことができた事案と考えられる」とし、連携体制の不備を認めました。

しかし、事件の背景にある行政の対応と国の姿勢については、十分な反省がなされているとはいえません。以下、住宅行政と生活保護行政のそれぞれの問題点についてのべます。

家賃減免の周知徹底を――居住支援を怠る住宅行政の問題点

今回の事件は、もっとも福祉や手当てが必要とされる公営住宅（県営住宅）の現場で起こりました。公営住宅法は第一条で「健康で文化的な生活を営むに足りる住宅を整備し、これを住宅に困窮する低額所得者に対して低廉な家賃で賃貸し、又は転貸することにより、国民生活の安定と社会福祉の増進に寄与することを目的とする」としています。

国土交通省も、公営住宅が「住宅セーフティーネット」の「根幹」であり、「最後のとりで」であると認めています。

公営住宅は収入によって家賃が決定されますが、所得によってはさらに減免できます（公営住宅法第十六条四項）。

この制度が活用されなかったことが母親の苦境をさらに追い詰め、家賃滞納による強制執行の原因となりました。当時の母親の収入は、パート収入が七万円、児童扶養手当等を合わせても十二万円程度で、家賃滞納額は、入居許可が取り消された一三年三月時点で十一万五千二百円にも及んでいます。

「家賃減免ができたのではないか」とただした二〇一六年三月の辰巳議員の質問にたいして、国交省の橋本公博住宅局長（当時）は、減免が可能だったことを認めました。ところが、千葉県は、家賃減免制度について、入居者説明会でしおりを配布したり、毎年度の家賃決定通知書の裏面に記載するのみで、母親と面談して制度を知らせる措置をとっていませんでした。

このような場合に、住宅行政がなすべきは、滞納者と面談し、家賃減免制度を知らせるなどの居住支援をおこなうことです。

「入居許可の取り消しや強制退去をするようなときは、必ず滞納者本人と面談すべきではないか」との同じく辰巳議員の追及に、石井啓一国交大臣は、「事件後自治体宛てに通知を出し、入居者の収入等の状況や事情を十分に把握した上で適切な措置をとるよう要請した」、「明け渡し請求に至る前の段階で、訪問等により入居者の事情等の把握に努めることが重要」と答えました。

一方で国交省は、民間業者を活用した徴収業務の強化を熱心に推進しており、めざすべき方向性を誤っています。公営住宅法の目的に立ち返り、滞納解消への援助や家賃減免制度の周知徹底、さかのぼって家賃減免を適用する遡及《そきゅう》制度の法制化にこそふみ出すべきです。

水際作戦で母子を追い詰めた生活保護行政の問題点

生活に困窮した世帯が最後に頼るのが、生活保護です。母親は、国民健康保険料を滞納し保険証が失効したため、銚子市保険年金課から短期保険証を受け取り、同課の勧めで二度、福祉課に生活保護の相談をしています。母親が申請をして保護が認定されていれば、国保料が減免され、母子の暮らしは改善に向かうはずでした。

ところが、母親は保護の申請すらできませんでした。公判で母親は、一万円でも二万円でもいいから助けてほしい、保護を申請したいという思いで相談したが、二回とも担当職員から、「申請してもお金がおりない」、「あなたの場合は支払われる額はない気がする」などと言われた旨を供述しています。

一方銚子市は、母親は生活保護制度の内容を聞きたいということで福祉課に来所し、説明を受けた後、申請をせずに帰った、と説明しています。

しかし、家賃を滞納し、国保料も滞納するまでに困窮した母親が、制度の内容を聞くためだけにわざわざ窓口を訪れたというのは、きわめて不自然です。しかも、福祉課は、母親の国保料の滞納を把握しながら、生活保護の認定により国保料が減免されることを知らせませんでした。

この点を指摘した辰巳議員は、「教示義務違反であり、生活保護を必要としている母親を追い返したということに等しい」、「いくら庁内外の連携を促進しようとしても、最後のセーフティーネットである生活保護を申請する福祉部局でこのような対応をされれば、救える命も救えない」と、きびしく追及しました。

厚労省の石井淳子社会援護局長は、「保護の申請権を侵害しないことはもとより、侵害していると疑われるような行為自体も厳に慎むべきである」と答弁、塩崎恭久厚労大臣も、「水際作戦はあってはならない」とのべました。

そうであれば、「水際作戦」を許さない立場を国として明確にし、各自治体の保護行政の状況を調査して、違法行為の根絶にむけた指導を強めるべきです。

ひとり親家庭の生活の安定へ、児童扶養手当の支払い回数増を

辰巳議員は、今年の質問で、ひとり親家庭に支給される児童扶養手当のまとめ支給の問題も、取り上げました。手当が年三回、四カ月分まとめて支給されるために、収入の増減のむらが低所得者の生活設計を困難にするのです。

辰巳議員は、離婚届を出したひとり親家庭に手当が支払われるのが一番遅くて四カ月後である事実を指摘し、「『生活の安定に寄与』するという児童扶養手当法の制度趣旨が反映されていない」として、支払い回数の増加を迫りました。

この提案は、その後の野党共同提出の児童扶養手当法改正案にも盛り込まれ、四月二十八日の参議院厚生労働委員会での児童扶養手当法改正案（政府提出）の付帯決議でも、「ひとり親家庭の利便性の向上及び家計の安定を図る観点から、支給回数について隔月支給にすること等を含め、所要の措置を検討すること」が明記されました。

子どもの貧困を打開し、今回のような事件を二度と起こさないために、国が先頭に立って、ひとり親家庭への支援強化に乗り出すべきです。

子ども医療費無料化をめぐる国会での論戦

日本共産党国会議員団事務局　岩藤　智彦

子育て世帯の貧困・格差の拡大のなかで

子ども医療費無料化は、「子どもが何かあったときにお金の心配なく医療をうけたい」、という保護者の切実な願いから出発したものです。

この間、「子どもの貧困」の問題が改めて社会問題として再認識されるなかで、いくつかの自治体で調査がおこなわれました。横浜市の調査では、「過去一年間に子どもが病気やけがをしたとき受診しなかったことがある」かを尋ねたところ、医療費を支払うことが難しいため受診しなかったことが「ある」との回答は、全体では二・三％でしたが、貧困線以下の世帯では七・二％となっています。子育て世帯、とりわけ貧困線以下の世帯に、経済的理由による受診抑制が広がっていることは重大です。

そして、医療費を支払うことが難しいために受診できないゆえの深刻な健康被害も広がっています（資料）。

逆に医療費窓口無料化を実現した自治体では、これらの医療費が払えないゆえに発生する問題は改善をしています。

群馬県は二〇〇九年十月から、中学三年までの窓口完全無料化を実現しました。その効果を検証するために、県自身が窓口無料化前後での受診状況の調査をおこなっています。表3-2は、継続的・定期的な治療・管理の必要な疾患であるぜん息、アトピー性皮膚炎（重症化予防のため定期的な受診が欠かせないが、受診頻度が高く、処方される薬の量も多いので、自己負担など経済的負担が大きい）について、十歳から十四歳までの患者さんの受診件数を比較したものです。受診者数が大幅に増えており、窓口負担による受診抑制が改善したことがわかります。中学生の虫歯治療完了者の割合も、無料化後、大きく上昇しています。三割の自己負担が、必要な医療を抑制し、健康格差の拡大、健康の悪化につながっていたことがわかります。

表3—2　受診状況の変化

	2009年9月	2010年5月
ぜん息患者の受診	724件	872件（20%増）
アトピー性皮膚炎	638件	741件（16%増）

※群馬県調べ

二〇一三年五月七日の参院予算委員会で田村智子参院議員は、先の受診抑制の例や群馬県の調査を示し、「効果も必要性も明らか」であるとして、国の子どもの医療費無料化創設を強く求めました。これにたいして安倍総理は、「できる限りお子さんたちの医療費について支援をしていきたいと考えて」いると言いながら、財源問題を理由に拒否。国保のペナルティ（後述）についても、「限られた財源の中で公平性を担保」するためだと、必要性を強調しました。

○**資料**○

〔健康保険の自己負担を理由とした受診抑制の例〕

1）親は無保険。子どもたちには短期保険証発行（六カ月）。しかし、三割負担が困難なために、「昨年（二〇一二年のこと＝筆者注）流行した新型インフルエンザに子どもが罹っていると思っても、学校を休ませて、じっと様子を見ることしかできなかった」。

2）ぜん息の患児。定期的管理が必要だが、予約日に受診せず、薬が切れるとぜん息発作を起こして救急受診をくりかえす。母親は、「実はお金が無くて受診ができない」。

3）熱湯を浴びて背中に手のひら大のやけど。やけどの面積が大きいので養護教諭が医療機関受診をすすめるも（受診料が）払えないので受診しない。ガーゼ交換の手当てをおこなうのみ。

4）小学三年生。就学援助の認定がされるまで経済的事情で通院できず、十三本の虫歯。現在は就学援助を受けられるようになり、虫歯治療に通えるようになった。視力は何の補助もなく、二年間で〇・六から〇・二へ。

5）小学二年生。学校の眼科検診で斜視が指摘され精密検査をすすめられるが、「（お金が）払えないのでいけない。眼科も遠い、自転車で行けない。とにかくお金がかかる」。眼科校医の配慮で精密検査を受け手術をすすめられるが、費用の問題で踏み切れない。

（例は田村智子事務所が聞き取ったもの）

子どもの無保険の解消へ

国保保険証の取り上げが義務化された二〇〇〇年以降、各地で高すぎる国保料を払えないゆえの保険証の取り上げや、そのための受診遅れによる死亡など、深刻な被害が相次いでいます。これは、子どものいる世帯でも例外ではありませんでした。

二〇〇七年の参院予算委員会で小池晃政策委員長が、千葉市で乳幼児医療費助成対象の小中学生約九百人が、また、東京都板橋区では、気管支ぜんそくで東京都の公害医療費助成を受けて通院していた小学生まで国保保険証が取り上げられていることを指摘し、このような公費医療を受けている子どもの保険証まで取り上げるのはやめるよう、強く求めました。しかし、柳澤伯夫厚労相（当時）は、納付の相談をきめ細かにやることが前提だが、「資格証明書にせざるを得ないという我々の考え方」と、子どもの無保険を解消することを拒否しました。

二〇〇八年六月、大阪社会保障推進協議会が大阪府内の無保険の子どもの数を調査し、二千人近い子どもが無保険の状態にあることを発信したことを契機に、毎日新聞などが大都市を中心とした調査をおこない、七千人を超えると報道。子どもの無保険なくせの世論の高まりをうけて厚生労働省も調査をおこなわざるをえず、全国で三万三千人弱の子どもが無保険状態になっていることが、明らかになりました。

各地の日本共産党地方議員団も子どもの無保険の解消にとりくみ、当局の姿勢を改めさせました。

国会では、子どもの無保険解消のため国民健康保険法が改正され、国保料滞納があったとしても中学生までの子どもについては短期保険証が交付されることになりました。（二〇一〇年の国保法改正で高校生まで拡大）

子ども医療費無料化と日本共産党の提案

子どもの医療費無料化を求めるとりくみは、一九六一年、岩手県沢内村（現・西和賀町）の「ゼロ歳児医療費無料化」に始まり、六八年、新日本婦人の会が全国に呼びかけたことで、急速に広がりました。日本共産党は当初から運動に協力し、国会では、一九七一年三月、浦井洋衆院議員（当時）が「乳幼児医療費無料化」実施をせまったのを皮切りに、一貫して制度実現を求めてきました。地方議会でも、保護者をはじめとする広範な住民と協力して条例制定や請願採択に努力し、自民党や公明党などが何度否決しても、世論を広げて、自治体ごとの助成制度をかちとってきました。

こうした運動や日本共産党の論戦が結びついて、今日では、全国四十七都道府県・千七百四十二市区町村のすべてで、条件の違いはありつつ、子どもの医療費（通院・入院）への助成制度が実施されています。

しかし、国の子ども医療費無料化制度はなく、各自治体の助成制度には、対象年齢、所得制限、一部負担の有無などの大きな格差があります。子どもたちの命と健康をまもり、子育て世帯を応援するには、国の制度が必要です。

日本共産党は、就学前の子どもの医療費を、所得制限なしで無料化する国の制度の確立を提唱し、国会にも法案を提出してきました。国の制度のうえに、自治体独自の助成制度をさらに前進させていくというのが党の提案です。

無料化は医療現場を疲弊させるのか

医療費無料化を議論する際、議会やマスコミで、軽症者の時間外受診が増えることなどによって、ただでさえ大変な地域の小児医療に混乱がひろがり、さらに医療現場を疲弊させるのではないか、という疑問が出されます。

東京二十三区では二〇〇七年十月から中学校三年までの窓口無料化を実現しています。東京では年間七十五万件の救急車出動があり、年間一万件増加していますが、中学校以下は窓口無料化に伴って増加しておらず、横ばいです。また、東京都がおこなっている小児初期救急平日夜間診療事業、二十四時間体制で患者を受け入れる休日・全夜間診療（小児科）も、窓口無料化によって増加するどころか減少傾向にあります。これがすべての地域にあてはまるか検証は必要ですが、東京都の実情を見る限り、子ども医療費無料化で小児の夜間受診が増えるということには根拠はありません。

夜間の小児救急体制を守るために必要なのは、夜間であっても受診すべきか否かの判断をサポートする相談体制の整備や、その活用を促す保護者への周知・啓発です。

国保のペナルティは即時撤廃を

政府・厚生労働省は、子ども医療費の窓口無料化（現物給付方式）や定額払い化をおこなっている自治体にたいし、その自治体の国保の国庫負担を減額するという、ペナルティを課していますす（地単カット）。都道府県や市町村が、窓口負担を独自に減免すれば、通常よりも受診と医療費が増える（波及増）というのが政府の主張で、「波及増」分には国庫負担をおこなっていません。このペナルティは、障害者、高齢者、ひとり親家庭など自治体がおこなうあらゆる医療費助成にも適用されています。住民のくらしと健康をまもり、福祉の向上をめざす自治体の努力を、国が妨害することなどあってはなりません。党国会議員団は、ペナルティの即時撤廃をくりかえし求めてきました。概算要求基準決定後に例年おこなわれている総務省の「地方財政措置についての各府省への申入れ」において「廃止」が二〇〇六年のものから明記されることにつながりました。

安倍政権はこの数年、国保の都道府県単位化を進めるために、地方と「国保改革」の協議をおこなってきましたが、そのなかで、全国知事会・全国市長会をはじめとする地方団体から、子ども医療費無料化にたいする地単カットの撤廃を求める声があいつぎ、二〇一五年二月に国と地方が結んだ合意文書に、「地方単独事業に係る国庫負担減額調整措置の見直し」について、「引き続き議論していくこと」が明記されました。その後も、この問題をめぐっては、公明党の党首が国保ペナルティの撤廃を求める国会質問をおこなうなど、政府・与党内からも見直しの声が続きました。

この間、二〇一四年の衆院選後の国会で、党国会議員団は躍進の力も生かして、この問題をとりあげてきました。二〇一五年四月十五日の参院厚生労働委員会で小池晃参院議員が、「就学前」については、自治体の無料化事業が全自治体に広がり、国の制度として無料化をしても、新たな波及増はない事実を指摘、「地単カット」の即時撤廃を迫ったのをはじめ、梅村さえこ議員（二〇一五年三月十日・衆議院予算委員会分科会）、斉藤和子議員（同）、高橋千鶴子議員（二〇一五年四月十四日・衆議院本会議）、山下芳生議員（二〇一六年三月十日・参議院内閣委員会）と、くりかえしこの問題をとりあげました。これらをうけて、政府もペナルティの見直しについて、「一億総活躍で子育て支援を二本目の矢として推進する以上は、しっかりとした統一したメッセージを送るべき」（二〇一五年十二月一日、塩崎厚労大臣会見）と言わざるをえない状況に追い込まれています。

また、二〇一四年度の地方創生交付金を活用して子どもの医療費無料化を実現した自治体にたいする国保のペナルティをどうするのかが、問題になりました。田村貴昭衆院議員が国の「福島基金」を利用した福島県の子ども医療費助成事業についてはペナルティの対象となっていないことを指摘し、地方創生交付金を使った事業をペナルティの対象外とするよう要求（二〇一五年三月二十七日・衆議院地方創生特別委員会）、田村智子議員も参議院内閣委員会で求めました。そして、二〇一五年十二月十五日、地方創生関連の国の交付金でおこなう子ども医療費助成の拡充については、国庫負担の減額調整の対象としない旨を、地方自治体にたいし通知しました。

「ペナルティやめろ」の世論のひろがりや党の論戦もうけて、二〇一五年九月に設定された厚労省「子どもの医療制度の在り方等に関する検討会」では、この問題が主要議題の一つとなりました。

しかし、ペナルティ撤廃を打ち出すかと思われた同「検討会」の「議論のとりまとめ」（三月二十八日）は、撤廃論と存続論の両論を併記。この結論をうけて何らかの結論を出すとされていた六月二日の「ニッポン一億総活躍プラン」も、「国民健康保険の減額調整措置の在り方について、年末までに結論を得る」と、結論を予算編成時まで先延ばししました。

これは、厚労大臣が認めるように、政府が強調する子育て支援とはそぐわないメッセージであり、地方団体の要求も「ペナルティ撤廃」で一致しています。年齢層を限定して〝一部撤廃〟するなどの取り繕いや、結論の先延ばしではなく、きっぱりと撤廃し、自治体の独自事業を国が積極的に応援する立場に転換することが求められています。

本書は、雑誌『議会と自治体』(日本共産党中央委員会発行)に掲載された「特集　子どもの貧困の解決へ」(二〇一六年六月号~八月号)に加筆修正を加えて収録したものです。

執筆者紹介（収録順）

浅井春夫〈あさい・はるお〉

1951年生まれ。立教大学コミュニティ福祉学部教授。“人間と性”教育研究協議会代表幹事、全国保育団体連絡会副会長

中西新太郎〈なかにし・しんたろう〉

1948年生まれ。鹿児島大学教育学部勤務を経て、1990～2014年、横浜市立大学勤務。現在、横浜市立大学名誉教授

田村智子〈たむら・ともこ〉

1965年生まれ。日本共産党副委員長、日本共産党参議院議員

山添 拓〈やまぞえ・たく〉

1984年生まれ。日本共産党参議院議員

大山とも子〈おおやま・ともこ〉

1955年東京都生まれ。東京都議会議員

林 信敏〈はやし・のぶとし〉

日本共産党愛知県委員会自治体部長

宮城 登〈みやぎ・のぼる〉

大阪市学校園教職員組合執行委員長

岡田ゆき子〈おかだ・ゆきこ〉

1965年生まれ。日本共産党名古屋市会議員

中里光夫〈なかざと・みつお〉

1964年生まれ。日本共産党世田谷区議会議員

中村尚史〈なかむら・ひさし〉

全日本教職員組合中央執行副委員長

植松直人〈うえまつ・なおひと〉

元横浜市立学校事務職員、全国学校事務職員制度研究会事務局

滝本博史〈たきもと・ひろし〉

全国保険医団体連合会事務局次長

秋山千尋〈あきやま・ちひろ〉

日本共産党政策委員会

岡村千尋〈おかむら・ちひろ〉

日本共産党青年学生委員会

山本正人〈やまもと・まさと〉

日本共産党国会議員団事務局

清水 孝〈しみず・たかし〉

日本共産党国会議員団事務局

川野純平〈かわの・じゅんぺい〉

日本共産党国会議員団事務局

岩藤智彦〈いわどう・ともひこ〉

日本共産党国会議員団事務局

子《こ》どもの貧困《ひんこん》の解決《かいけつ》へ

2016年10月30日　初　版

著　者　浅井春夫・中西新太郎・田村智子
山添　拓・大山とも子・林　信敏
宮城　登・岡田ゆき子・中里光夫
中村尚史・植松直人・滝本博史
秋山千尋・岡村千尋・山本正人
清水　孝・川野純平・岩藤智彦
発行者　田　所　稔

郵便番号　151-0051　東京都渋谷区千駄ヶ谷4-25-6
発行所　株式会社　新日本出版社
電話　03（3423）8402（営業）
03（3423）9323（編集）
info@shinnihon-net.co.jp
www.shinnihon-net.co.jp
振替番号　00130-0-13681
印刷・製本　光陽メディア

落丁・乱丁がありましたらおとりかえいたします。

ISBN978-4-406-06065-3　C0036　Printed in Japan